CUBA
INSEL ★ IM ★ AUFBRUCH

Für Yosvani, Arnaldo & Abel

CUBA
INSEL ★ IM ★ AUFBRUCH

BRUNO MAUL

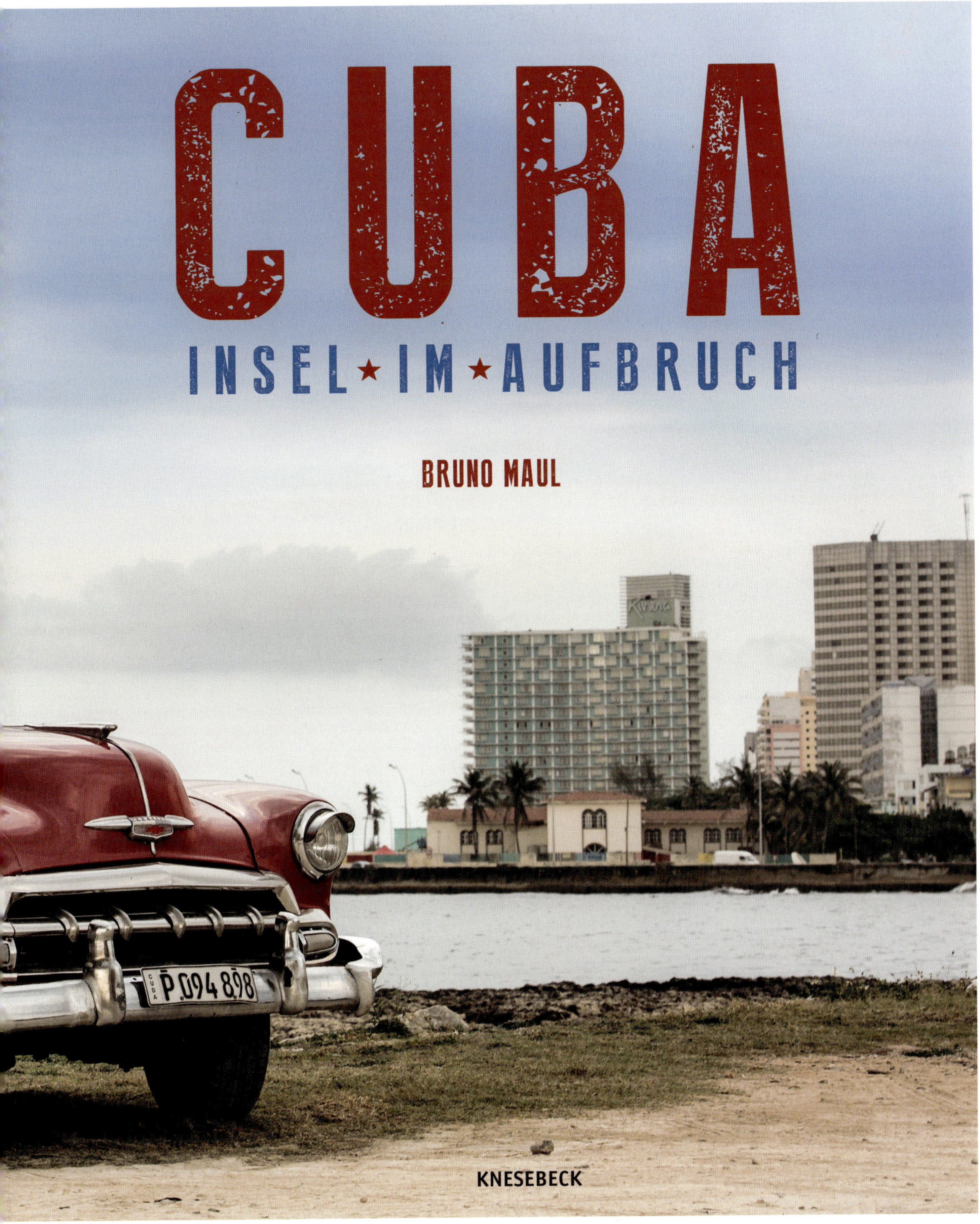

KNESEBECK

VORWORT 6

KAPITEL 1
**AUF DEN SPUREN DER MUSIK:
DIE SUCHE BEGINNT IN MATANZAS 12**

KAPITEL 2
**HIP-HOP HAVANNA:
UNESCO-WELTERBE UND STREET ART 24**

KAPITEL 3
**FRAUEN IN DER KUBANISCHEN GESELLSCHAFT:
SOCIALISMO, MACHISMO, PROSTITUTION 52**

KAPITEL 4
WO SCHALL IST, IST AUCH RAUCH 78

KAPITEL 5
***CAMPESINOS* ODER COWBOYS? 90**

KAPITEL 6
SPORTLICH BIS INS LETZTE ECK? 102

KAPITEL 7
HASTA SIEMPRE, HEAVY METAL! 112

KAPITEL 8
KUBA POWER: DIE ENERGIELIEFERANTEN ÖL, ZUCKER UND RUM 130

KAPITEL 9
RELIGION VS. SOZIALISMUS: DIE MACHT DER GÖTTER UND DIE MACHT DES GELDES 140

KAPITEL 10
JOVEN Y REBELDE: REBELLEN EINST UND HEUTE 150

KAPITEL 11
WAS IHR WOLLT: MUSIK FÜR TOURISTEN UND STAATLICHE SUBVENTIONEN 180

KAPITEL 12
SALSA SANTIAGERA: DIE MAGIE DES OSTENS 196

KAPITEL 13
ALT-HERREN-COMBO: MUSIK FÜRS VOLK 210

KAPITEL 14
POR DONDE VAS? WOHIN GEHST DU, KUBA? EIN AUSBLICK 220

VORWORT

Gleichmäßig schaukelt der Toyota vor sich hin. Mit seinen 20 Jahren geht er hier fast noch als Neuwagen durch – vor allem im Vergleich zu den stotternden, mit ihren Austauschmotoren völlig untermotorisierten uralten Ami-Schlitten. Vor, neben und hinter uns klappern und röhren alle möglichen Fahrzeuge. Die meisten stoßen tiefschwarze Rußwolken aus, die mir durch das geöffnete Taxifenster in die Nase ziehen. Die alten russischen LKWs, meist Benziner, wirken wie riesige Blechdrachen, die laut brüllend ihren Rauch auf die Straße keuchen. Das doppelt besetzte DDR-Motorrad-Taxi vor uns taucht in eine Rußwolke ein und verschwindet fast gänzlich. Egal – niemand stört sich daran, und auch für mich gehört der Geruch von schlecht verbranntem Mineralöl einfach zu Kuba. Vermischt mit der Hitze, dem Lärm und den Menschenschlangen, die für wer weiß was anstehen, braut sich so allmählich dieser unwiderstehliche kubanische Cocktail zusammen, den ich nun seit 15 Jahren kenne, fürchte, schätze, liebe.

Es ist der erste Tag meiner fünften Kubareise, und ich genieße es, im Taxi zu sitzen, durchs offene Fenster zu schauen wie auf einen Bildschirm und doch alle Sinne mit kubanischem Lebensgefühl, der viel gepriesenen »cubanidad«, durchdringen zu lassen. Langsam wird mir richtig bewusst: Ich bin wieder da! Und wie eine einst betörende, nun verwelkte Schönheit nimmt mich die faltige, fast zahnlose, aber stolze Mama *la Habana* in ihre Arme und drückt mich an sich. Sehnsüchtig sauge ich ihren Geruch auf, bleibe aber auf der Hut, ob sie nicht wieder irgendeinen Trick für mich vorbereitet hat, der mich lehren soll, sie zu achten und zu respektieren.

Ich denke an unsere erste Kubareise im Jahr 2002 mit Zelt und Fahrrad, bei der mir gleich am ersten Morgen mein Rucksack samt Fotoausrüstung, Kleidung und Reisepass gestohlen wurden. Gezwungenermaßen verbrachten meine heutige Frau Manu und ich anschließend mehrere Wochen in Havanna, um neue Papiere und Kleidung zu beschaffen. Wir schliefen in billigen illegalen

Unterkünften, dreckigen Löchern ohne Fenster, und ich fand nur Hosen, die mir höchstens bis zu den Knöcheln reichten, Badeshorts als Unterhosen und Mokassins, deren Sohlen nach zwei Wochen abfielen. Schon am ersten Tag hatte uns diese Stadt damals eine wichtige Lektion erteilt: »Sei achtsam – das wenige, das du besitzt, ist für die Menschen um dich herum ein verlockender Reichtum.« In den Tagen und Wochen danach jedoch lehrte uns Havanna eine zweite, viel schönere Erkenntnis: »Vertraue! Das wenige, das die Menschen um dich herum besitzen, werden sie wie selbstverständlich mit dir teilen, wenn du es benötigst.«

Keine halbe Stunde nachdem man uns bestohlen hatte, waren wir umringt von besorgten Kubanerinnen und Kubanern, die mich »armes Opfer« dazu aufforderten, meine Hosen auszuziehen, damit sie mir diese waschen könnten. Dass ich die Hosen erst seit einem Tag anhatte, spielte keine Rolle: »Her damit, du ziehst solange die meines Mannes an! Ich wasch' deine schnell, du hast ja nur noch die, du Armer!«, und: »Kommt mit und esst etwas. Wir haben nur Tomaten mit Brot, aber immerhin!« In den folgenden Wochen wurden wir weitergereicht wie ein Wanderpokal und mussten unzählige Male die Geschichte des Diebstahls erzählen. »Seid vorsichtig«, wurden wir immer wieder ermahnt. »Wir Kubaner sind zwar ein sehr großzügiges Volk, aber es gibt auch Betrüger und Gauner!«

Heute bin ich viele Jahre reicher an Reiseerfahrung, nicht nur auf Kuba. Trotzdem falle ich wieder einmal auf die Schliche eines Schleppers herein: Ich stehe vor dem Astro-Busbahnhof von Havanna und möchte in die Altstadt. Ein Mann erkundigt sich, ob ich ein Taxi benötige. Ich frage, ob er Taxifahrer sei. »Ja klar, das da drüben ist mein Auto«, erwidert er und zeigt auf einen blauen Lada auf der anderen Straßenseite. Ich handle mit ihm den üblichen Preis aus und wir überqueren die Straße. Allerdings läuft er an dem blauen Lada vorbei und verhandelt dann tuschelnd mit einigen Männern. Einer drückt meinem Begleiter missmutig einen kleinen Geldschein in die Hand und führt mich zu einem weißen Toyota Corolla. So läuft das hier. Man nennt es »buscando propina«, »Trinkgeld suchen«. Während der Fahrt eröff-

Unten | Spiegelbild des Fotografen in einer Glasscheibe des Revolutionsmuseums von Havanna. Seit über 15 Jahren bereist der Fotograf und Autor Bruno Maul die sozialistische Karibikinsel. Sein besonderes Interesse gilt den Bewohnern.

ne ich meinem Fahrer, dass ich ihm den CUC, den er abdrücken musste, extra bezahle. Er sieht mich kurz verwundert an, hat wohl nicht erwartet, dass ich die Geldübergabe bemerkt habe. Dann lacht er und freut sich: »Nicht das erste Mal auf Kuba, was?« Wieder spüre ich die Umarmung, diesmal lautet die Botschaft: »Du kennst das Spiel, nutze es nicht zu deinen Gunsten aus, sondern zugunsten der Kubaner, derentwegen du hier bist! Und sei dir gewiss, sie werden deinen Respekt erkennen und dich mit ihrem Vertrauen belohnen.«

Auch auf dieser Reise wurde ich wieder mit vertrauten und vertrauensvollen Momenten, mit Gesprächen, mit Anekdoten, mit Musik beschenkt. Das

viel strapazierte Bild, »tief in das Land einzutauchen«, möchte ich hier gar nicht bemühen. Ich weiß, dass ich auch nach über einem halben Jahr Zeit, die ich inzwischen auf dieser Insel verbracht habe, noch nicht viel mehr als die Nasenspitze hineinstecken durfte. Aber ich komme doch jedes Mal ein wenig tiefer und »schwimme« in für mich neuen Gewässern. Kuba und seine Menschen haben mich viel gelehrt, mehr als jedes andere Land, das ich bereist habe, und dafür bin ich unglaublich dankbar.

WARUM KUBA?

Im Jahr 2002 hatte ich eigentlich den Plan, mir einen Kindheitstraum zu erfüllen und Länder wie Ecuador, Peru und Bolivien zu besuchen. Als ich sieben Jahre alt war, waren bolivianische Musiker bei Nachbarn in unserem Dorf zu Besuch. Fasziniert von ihnen und ihrer Musik beschloss ich, eines Tages in deren Heimat zu reisen. Südamerika übte auf mich schon damals eine größere Anziehungskraft aus als das wilde Afrika mit seinen Löwen und Elefanten. In Manu hatte ich 2000 endlich den Menschen gefunden, um diese Sehnsucht in die Tat umzusetzen.

Unabhängig voneinander waren wir beide zuvor jeweils ein halbes Jahr in Spanien unterwegs gewesen – ich mit dem Fahrrad, Manu mit einem alten Bully –, sprachlich waren wir also einigermaßen gewappnet. Luis, ein spanischer Freund, hatte mir begeistert von seiner Kubareise erzählt und mir die Idee einer Fahrradtour durch Kuba in den Kopf gesetzt. Eli, eine Holländerin, bei der Manu und ich in Spanien einige Zeit unterkamen, weckte uns morgens oft mit den kubanischen Klängen des »Buena Vista Social Club«, die wir sehr liebten. Auch den Film hatten wir mehrmals gesehen. Und so entschlossen wir uns spontan, vor unserer geplanten Südamerikareise ein paar Wochen durch Kuba zu radeln.

Mit einem alten holländischen Tandem im Gepäck landeten wir Ende März 2002 in Havanna. Für mich war es die erste Reise in ein so warmes Land. Als wir am Flughafen José Martí aus dem Flugzeug stiegen und durch die Schleuse in das Flughafengebäude traten, dachte ich: »Verrückt, ein tropisches Land und die schalten das Heizgebläse ein!« Als wir dann ins Freie kamen, wurde mir allerdings klar, dass es sich bei dem Gebläse um die kühlende Klimaanlage gehandelt hatte!

Nun standen wir also zum ersten Mal auf kubanischem Boden. Und was sahen wir? Auf Hochglanz polierte, alte amerikanische Autos und gleich hinter der nahen Flughafenmauer Bananenplantagen und Palmen. Weil es schon dämmerte, wollten wir nur ein paar Kilometer vom Flughafen wegradeln und dann irgendwo unser Zelt aufbauen. Wir wimmelten also alle Taxifahrer ab, die darin wetteiferten, uns ihre Dienste anzubieten, und ständig fragten: »Wo wollt ihr denn hin? Ins Zentrum von Havanna ist es noch weit, das schafft ihr heute nicht mehr!« Obwohl uns nicht ganz wohl dabei war, auch weil wir wussten, dass Wildcampen auf Kuba nicht erlaubt ist, radelten wir schließlich in die Dämmerung hinein. Kaum waren wir aus dem Flughafen hinaus, zeigte sich Kuba schon von seiner ländlichen Seite: Pferde- und Ochsenfuhrwerke sowie LKWs, deren Ladeflächen entweder mit Zuckerrohr oder mit Menschen überladen waren. Über die Bordwände der LKWs ragten unzählige Köpfe, doppelt so viele Hände winkten und aus allen Mündern wurde gerufen, wir verstanden aber fast nur »amigo«.

Unsere Annahme, die Landessprache zu beherrschen, wurde schon bei den ersten Gesprächen relativiert: Kubanisch klingt nicht wie »castellano«, wie es in Spanien gesprochen wird. Ich kann mich erinnern, wie Yodalis, die uns als

Links | Modernes Leben vor alter Kulisse: Auch wenn Kuba manchmal wirkt wie ein Freilichtmuseum zum Thema Sozialismus, leben die Insulaner im 21. Jahrhundert. »El monopatín«, das Skateboard, ist auch in der Altstadt Havannas ein verbreitetes Sportgerät.

Unten | Der Mangel an Treibstoff und motorisierten Fahrzeugen treibt für europäische Augen amüsante Blüten: Für Kubaner gehören Pferdekutschen ganz alltäglich zum öffentlichen Personennahverkehr, wie hier in Santiago de Cuba.

Erste in ihre Obhut nahm, nachdem wir bestohlen worden waren, uns dazu aufforderte, zur Polizei zu gehen. Ihre Sätze beendete sie mit einem Wort, das sich für uns wie »heute!« anhörte. Wir hielten das für das einzige deutsche Wort, das sie kannte, und dachten, sie wolle, dass ich unbedingt noch am selben Tag zur Polizei gehen solle. Als ich darauf hinwies, dass es schon spät sei und ich lieber erst am nächsten Tag gehen würde, meinte sie: »Ja, ja, morgen, aber geh – heute!« Es dauerte einige Zeit, bis wir verstanden, dass das vermeintliche »heute« eigentlich »hoiste!«, also etwa »hörst du?« bedeutete und Kubaner sich gerne das »S« sparen, wenn sie sprechen. In manchen Gegenden werden obendrein viele »Rs« zu »Ls«. »Vamo a caminal!« zum Beispiel ist die Aufforderung zum Wandern: »Vamos a caminar!« Wer zu deutlich spreche, wurde uns erzählt, sei entweder Spanier, ein Wichtigtuer oder schwul.

An diesem ersten Abend schnupperten wir zum ersten Mal einen der typischen »Düfte« Kubas, die Mischung aus verbranntem Heizöl und überreifen Bananen. In der einbrechenden Dunkelheit radelten wir außen an der Flughafenmauer entlang, als uns ein Regenguss überraschte und von einer Minute auf die andere bis auf die Haut durchnässte. Danach schien die Hitze aber noch bleierner zu sein und die Luft zum Schneiden dick. Auch der Bananengeruch wurde noch stärker und wirkte nun eher modrig. Nur wenige Autos waren noch unterwegs, sodass wir keine große Gefahr darin sahen, mit unserem Dynamolicht am Tandem weiterzuradeln, bis wir einen Platz zum Zelten finden würden. Was wir nicht bedacht hatten: Unter der Wasserschicht auf der Straße waren die Schlaglöcher nicht mehr zu erkennen. Plötzlich spürten wir zwei heftige Stöße: Wir waren durch ein tiefes Schlagloch gefahren und hatten nun gleich zwei platte Reifen. Also mussten wir unser Zelt neben der Straße in einer nassen Bananenplantage aufbauen und schliefen unruhig. Am nächsten Morgen verstauten wir unser Hab und Gut wieder in die Rucksäcke und ich schob das platte Tandem bis zur Straße, um es besser reparieren zu können. Manu hatte inzwischen ihren Rucksack an die Straße getragen, doch als sie meinen holen wollte, war er verschwunden. Jemand musste uns beobachtet und den kurzen Moment genutzt haben, sich meinen Rucksack zu schnappen. Wir durchsuchten jedes Gebüsch in der Umgebung – nichts. Der Rucksack und sein Dieb waren weg.

Jahre später erfuhr ich, dass der Übeltäter ermittelt und zu einer Gefängnisstrafe von fünf Jahren verurteilt worden war. Hätte ich doch keine Anzeige erstatten sollen? Ich empfinde fünf Jahre Gefängnis und eine verbaute Zukunft als einen viel zu hohen Preis für einen Rucksack voller gebrauchter Sachen. Aber es sind wohl solche Strafen und die hohe Wahrscheinlichkeit, gefasst zu werden, die Kuba zu einem vergleichsweise sicheren Reiseland machen.

DAS ERWACHEN

Natürlich trübte diese negative Erfahrung meine Stimmung massiv. Ich schaffte es anfangs kaum, mich an dem karibischen Lebensgefühl zu erfreuen. Manu bemühte sich, mir mit Verständnis zu begegnen, wollte sich andererseits aber die wunderbaren Eindrücke nicht verleiden lassen und machte mich immer wieder aufmerksam: »Wahnsinn, schau dir das an, das ist doch alles gar nicht wahr! Hast du den gerade gesehen, mit seinem Schwein auf dem Gepäckträger? Und wie die uns alle zuwinken!«

In Havanna schallte uns viel laute Musik entgegen, aber selten die Art, die wir erwartet hatten. Wir hörten Reggae, Ragga, Reggaeton, Hip-Hop und Dancefloor. Jedes ordentliche Bici-Taxi (Fahrradtaxi) verfügt über ein Autoradio mit Lautsprechern, betrieben mit einer alten Autobatterie. Auch wenn die Lautsprecher völlig überlastet sind und durchschlagen, an der Lautstärke wird niemals gespart. Erst als wir auf unseren Fahrten durch die Stadt auch ins touristische Havanna, *Habana Vieja*, kamen, hörten wir zum ersten Mal die Musik, die durch den Film »Buena Vista Social Club« auch bei uns so beliebt wurde. Doch uns blieb kaum Zeit, in dieser Welt zu verweilen, zu beschäftigt waren wir mit den ganzen Besorgungen und damit, das Leben unserer kubanischen Gastgeber zu teilen. Doch genau diese brachten uns in das »real existierende« Kuba abseits der touristischen Pfade. So entstand die Idee, dieses Kuba der Kubaner und seine aktuelle Musikszene jenseits der weltbekannten Klänge näher zu ergründen. Als ich drei Jahre später meine Ausbildung zum Fotografen abgeschlossen hatte, nahm ich dieses Projekt schließlich in Angriff.

KAPITEL 1

AUF DEN SPUREN DER MUSIK: DIE SUCHE BEGINNT IN MATANZAS

KAPITEL 1 | Auf den Spuren der Musik

Mit Martin Treppesch begleitete mich 2005 ein junger Tontechniker, der wie ich gerade seine Ausbildung abgeschlossen hatte und das Erlernte nun auch in der Praxis ausprobieren wollte. Auch wenn seine technischen Möglichkeiten auf dieser Reise sehr beschränkt waren, freute er sich auf die Herausforderung. Zwei hochwertige Kondensator-Mikrofone, ein Audio-Interface und ein Laptop – das sollte alles sein, was wir an Equipment für die Tonaufnahmen mitnehmen wollten.

Den Flug bezahlte ich von dem Geld, das ich mir für dieses Projekt von meiner Freundin Manuela geliehen hatte, und an einem Abend Anfang September 2005 landeten Martin und ich mit einem »Touristenbomber« in Matanzas, nahe den bekannten Urlaubsstränden von Varadero. Bereits im Vorfeld hatte ich mich bewusst dafür entschieden, die Musiker spontan vor Ort anzusprechen und aufzunehmen, ohne sie vorher schon kontaktiert zu haben. Ich hatte die Absicht, den Dingen und insbesondere der kubanischen Musik ihren Lauf zu lassen und zu sehen, was kommt. Allerdings machte sich mit einem reisetechnisch eher unerfahrenen Tontechniker im Schlepptau der Druck der Verantwortung ihm und auch meinem Finanzier Manuela gegenüber deutlich bemerkbar. Entsprechend schlief ich in der ersten Nacht auf Kuba nicht nur aufgrund der Zeitumstellung unruhig, sondern vor allem wegen der Gedanken, die mir die ganze Zeit durch den Kopf gingen: »War die ganze Idee vielleicht doch etwas zu naiv? Was ist, wenn wir außer den Touri-Bands gar keine Musiker finden? Oder wir finden welche, aber die wollen sich nicht aufnehmen lassen?«

Am nächsten Morgen machte ich mich mit Martin gleich auf ins Zentrum. Schon in der *guagua*, dem alten klapprigen Bus, sprach ich die ersten jungen Leute an und fragte sie nach Musikern in ihrem Umfeld. Die beiden fingen an zu grinsen und meinten, sie seien selbst Musiker. Dann erzählten sie von sich: Liane und Victor besuchten die *Escuala de las Bellas Artes*, die Schule der schönen Künste von Matanzas, und studierten dort Klavier. Sie seien gerade auf dem Weg zu Dayan, einem Freund, der an der gleichen Schule Klarinette studiere, ob wir nicht einfach mitkommen wollten. Unterwegs erklärten wir, was wir

Links | Für das Titelfoto posierten die Musiker der Son-Band Guacachason mit ihren Instrumenten in einem alten Ami-Schlitten. Dass im selben Moment ein zweiter Oldtimer die Szene kreuzte, war nicht ungewöhnlich.

Unten | Stadt der Brücken: Ein Passant überquert eine der vielen Brücken von Matanzas. Derzeit erlebt die Stadt einen zweiten Frühling. Zahlreiche Restaurierungsprojekte, auch an den Brücken, wecken Matanzas aus seinem Dornröschenschlaf.

Links | Die Eisenbahn-Drehbrücke zeugt von der ehemals großen wirtschaftlichen Bedeutung Matanzas. Wenn heute in der Stadt am Abend die Lichter angehen, genießen die hier lebenden Angestellten der Hotels im nahen Urlaubsort Varadero ihren Feierabend.

KAPITEL 1 | Auf den Spuren der Musik

vorhatten. Eigentlich hatte ich nicht an klassische Musik gedacht, als ich mir vornahm, eine Reportage über die aktuelle Musikszene Kubas zu machen. Aber manchmal musste man den Dingen eben ihren Lauf lassen …

Die drei waren wirklich sehr nett und wir verabredeten uns gleich für den nächsten Tag, um in ihrer Schule eine Kostprobe ihres musikalischen Könnens aufzunehmen. Martin hatte keine Bedenken, dieser Aufgabe als Tontechniker gewachsen zu sein. Aber bereits an diesem Tag sollte er zum ersten Mal die ganz besonderen Bedingungen, denen in Kuba auch das Musizieren unterworfen ist, kennenlernen. In dem Klassenzimmer, in dem wir uns trafen, gab es nur einen einzigen Klavierhocker, auf dem Victor saß, also baute Liane sich kurzerhand einen zweiten aus zwei alten Metallstühlen und ein paar Büchern – eine Konstruktion, die bei jeder Bewegung ein knarzendes Geräusch erzeugte, das auch auf der Aufnahme zu hören war. Letztendlich war das aber gar nicht so schlimm, verglichen mit dem schrecklich verstimmten Flügel, auf dem Victor spielte. Einige Tasten schlugen überhaupt nicht mehr an.

Aber auch das ist eben Kuba: Spitzenmusiker wie Victor, der im Vorjahr als bester Nachwuchsmusiker Kubas ausgezeichnet worden war, spielen auf Instrumenten in miserablem Zustand. Zum ersten, aber nicht zum letzten Mal auf dieser Reise bekam ich eine Gänsehaut und feuchte Augen, als ich dort bewegungs- und geräuschlos auf dem Boden des Klassenzimmers saß. Das Auf und Ab der beiden Klaviere erfüllte kraftvoll den kahlen Raum, die Melodien von Franz Liszt taten ihr Übriges. Alle waren hoch konzentriert: Liane und Victor auf ihr gemeinsames Spiel und Martin auf seine Aufnahme. Genau so hatte ich mir das gewünscht: eine Zusammenarbeit auf Augenhöhe und jeder macht das Beste aus dem, was uns eben zur Verfügung steht.

Als später Dayan, der Klarinettist, zu uns stieß, wollte er zunächst nicht aufgenommen werden. Ich respektierte das, interessierte mich aber für das Warum. Wie sich herausstellte, schämte er sich für die schlechte Qualität seines Instruments. In der Tat fiel seine Klarinette ohne improvisierte Hilfsmittel regelrecht auseinander und verlor hörbar Luft aus allen Dichtungen und Klappen. Nachdem ich ihm versi-

Links | 2005 besuchten Liane, Dayan und Victor die »Schule der schönen Künste« von Matanzas. Victors Flügel war völlig verstimmt, Dayans Klarinette verlor Luft aus allen Ritzen und Lianes Stuhlkonstruktion knarzte stetig vor sich hin. Heute studieren Liane und Victor Musik am *ISA (Instituto Superior de Arte)* von Havanna und freuen sich über bessere Instrumente.

Unten | Dayan schämte sich für die schlechte Qualität seines Instrumentes und wollte zunächst keine Tonaufnahme machen. Schließlich konnten wir ihn davon überzeugen, dass es auch in Deutschland eher auf das Können eines Musikers ankommt als auf die Qualität seines Instruments.

Oben | Im *Palacio de la Rumba* von Havanna treten Musiker der verschiedensten Musikrichtungen auf. Das staatliche Lokal bietet Kultur von Kubanern für Kubaner, im Gegensatz zu den touristischen Einrichtungen ist hier das Publikum größtenteils einheimisch.

Rechts | Während für uns Touristen im Nachtclub *Tropicana* stets lächelnde, leicht bekleidete Damen tanzen, wird im *Palacio de la Rumba* auch ernsthafter Tango zum Besten gegeben. Die Tänzerinnen und Tänzer sind nicht minder professionell.

chert hatte, dass es auch in Deutschland viel mehr auf das Können eines Musikers als auf die Qualität seines Instruments ankomme, ließ er sich schließlich doch dazu überreden, mit Liane und Victor das Konzert Nr. 1 für Klarinette und Klavier von Carl Maria von Weber zu spielen. Im Anschluss luden wir die drei jungen Musiker dann noch auf *arroz congrí* (Reis mit Bohnen) und ein *bistek* (ein trockenes Stück Schweinefleisch) ein und tauschten unsere Adressen aus.

Als ich Liane, Victor und Dayan 2010 wieder besuchen wollte, erzählte mir Liane am Telefon, dass sie und Victor inzwischen in Havanna auf der Kunsthochschule ISA *(Instituto Superior de Arte)* weiter Klavier studierten. Dayan spielte im staatlichen Orchester von Matanzas Klarinette.

Auf Kuba wird eigentlich jede Art von Musik staatlich gefördert. Jede Band, egal welcher Musikrichtung, kann sich als staatliche Firma eintragen lassen, sodass jeder Musiker den staatlichen Mindestlohn (ca. 8–15 Euro monatlich) erhält. Auch das Musikstudium ist für Kubaner kostenfrei, und Studenten haben die Möglichkeit, schon während ihres Studiums als Dozenten zu arbeiten oder auf Konzertreisen in befreundete Staaten wie Venezuela zu reisen. Dauerhaft von der Musik zu leben, ist dann aber doch nicht so leicht. Wer auch im Ausland einen gewissen Bekanntheitsgrad erreicht, kommt in den Ge-

nuss staatlicher Zuwendungen in Form von Kühlschränken, Fernsehgeräten oder Baumaterial oder bekommt neben seiner Tätigkeit als Musiker noch einen Job in einem Amt oder einer Institution. Wer nicht auf diese Art von Karriere hoffen möchte, versucht sein Glück eben, indem er seine Musik im touristischen Umfeld anbietet. Nicht wenige der Musiker, die uns Touristen in den Bars und Restaurants unterhalten, haben einst Musik studiert.

Als ich Liane damals an ihrer Uni besuchte und sie mir wieder etwas vorspielte, fiel mir nicht nur auf, dass ihr Spiel noch besser geworden war, sondern auch, dass sie hier zwar auch auf alten, aber immerhin auf besser gestimmten Instrumenten spielen konnte als damals in Matanzas. Bei einem Abendessen bei ihrer Familie in Matanzas hatte ich unter anderem auch ihren Vater kennengelernt, der von seiner Arbeit in Varadero im Tourismus erzählte. Er bekomme gutes Trinkgeld, versicherte er, weshalb Liane unbesorgt weiter Musik studieren könne. Matanzas liegt sehr nahe an der Touristenhochburg Varadero, ist aber selbst wenig touristisch. Viele der in Varadero Beschäftigten leben hier, und so ist auch die einstige Stadt der Künstler und des Zuckers heute fest in der Hand des Tourismus. Neben einer großen *guitera* (Stromkraftwerk) und dem Hafen fallen in Matanzas vor allem die zahlreichen Brücken auf, die ihm

auch den Beinamen »Stadt der Brücken« eingebracht haben. Besonders beeindruckt hat mich hier aber auch das »Teatro Sauto«. Hier lässt sich eine Theatertechnik bestaunen, wie man sie sonst nur noch aus alten Spielfilmen kennt. Bemerkenswert finde ich auch, dass ein Kubaner hier für einen Theaterbesuch fünf *pesos nacionales* (etwa 20 Cent) bezahlen muss, während wir Touristen fünf CUC (etwa fünf Euro) dafür berappen. Damit ist das Theater eine der Einrichtungen, die sich nicht nur Touristen, sondern auch Einheimische leisten können.

Seit knapp acht Jahren wird das *Teatro Sauto* umfangreich restauriert. In mühevoller Kleinarbeit soll der Originalzustand so weit wie möglich wiederhergestellt werden, erklärte mir kürzlich der Denkmalpfleger der Stadt Matanzas, Señor Orosco, voller Stolz. Zwar werde zum Beispiel das Bühnenlicht etwas modernisiert, aber ansonsten bleibe technisch alles beim Alten. Auch die Eintrittspreise sollten nach der für Ende 2017 geplanten Wiedereröffnung für Kubaner erschwinglich bleiben. Ziel sei es, Kunst und Kultur für jedermann zugänglich zu halten. Überhaupt erfahre Matanzas gerade einen zweiten Frühling, da viele Gebäude und Einrichtungen derzeit restauriert würden.

Links | Nach achtjährigen Sanierungsarbeiten erstrahlt das *Teatro Sauto* nun wieder in neuem Glanz. Die Arbeiter sind Staatsbedienstete mit niedrigem Lohn, aber großer Kunstfertigkeit. Viele von ihnen sind ausgebildete Restauratoren.

Unten | Im April 2017 waren die Restaurierungsarbeiten am Theater noch nicht ganz abgeschlossen. Der Charme des alten Kulturtempels war dennoch schon wieder deutlich zu spüren. Sogar die alte Bühnentechnik wurde repariert und wird weiter verwendet.

Folgende Seite | Das *Teatro Sauto* möchte Bewohnern und Besuchern Matanzas künftig Kunst und Kultur jeder Art in wunderbarem Ambiente bieten. Die Eintrittspreise der Veranstaltungen sollen für Kubaner erschwinglich bleiben. Touristen bezahlen einen anderen, angemessenen Preis.

KAPITEL 2

HIP-HOP HAVANNA: UNESCO-WELTERBE UND STREET-ART

KAPITEL 2 | Hip-Hop Havanna

Man ist begeistert oder schockiert – je nachdem, wo man hinschaut und was man erwartet. Die herrschaftlichen, teils immer noch halb verfallenen Kolonialbauten in *La Habana Vieja*, der Altstadt Havannas, spalten die Empfindungen der ausländischen Betrachter. Für die Kubaner sind sie größtenteils einfach nur Wohnraum. Zwar sind sich die Einheimischen des Umstands, dass dieser Wohnraum dem UNESCO-Weltkulturerbe angehört, wohl bewusst, aber schon lange sind Wohnungen in Havanna so knapp, dass nicht viel Raum für nostalgische Sentimentalität bleibt. Jeder Winkel Havannas ist durchdrungen von Leben, in jeder Ecke finden sich menschliche Hinterlassenschaften aller Art. Modriger Mief begleitet einen auf Schritt und Tritt. Hier lehnt ein cooler Typ an einer alten Säulenarkade und raucht eine Zigarette, dort prangt ein kunstfertiges Graffiti an einer der ehemals prunkvollen alten Fassaden, das die Bewohner des damit verzierten Hauses nicht im Geringsten zu stören scheint. Hier ist auch Raum für Gegensätzliches.

Und für alles, was praktisch ist. Auf uns Europäer wirken vor allem die abenteuerlichen Konstruktionen, mit denen die Kubaner ihre alten Häuser zweckmäßiger gestalten, höchst amüsant. Nicht selten werden die hohen Räume in zwei Ebenen geteilt. Für die Familie im unteren Teil des Geschosses beginnen die hohen Rundbogenfenster auf halber Höhe der Räume und laufen bis in die Zimmerdecke, für die andere Familie, die den oberen Teil bewohnt, wachsen dieselben Fenster aus dem Fußboden und enden auf halber Höhe des Raumes in einem Rundbogen. Dass Schall und Küchengerüche über die Fensterlaibungen übertragen werden, die die beiden Wohnungen verbinden, scheint eher als kommunikativer Vorteil gesehen zu werden. Privatsphäre wird auf Kuba nicht besonders großgeschrieben, Solidarität hingegen schon. Aber auch die kleinen Details kubanischer Baukunst erfreuen das Herz. In den Hauseingängen finden sich nicht selten die Reste von Elektroinstallationen, deren Kabelverläufe an liederlich gerollte Spaghetti erinnern. Für jede Wohneinheit gibt es eine einzige Sicherung, und was an Kabeln, Schaltschränken und Rohren nicht mehr benötigt wird, wird nicht entfernt, sondern nach Ansetzen einer Patina aus Salz und Staub Teil dieses planlosen, sich

Links | »Big Brother is watching you« – das Auge des Staates ist überall. So könnte man das Graffiti neben der Haustüre dieses Bewohners der Altstadt Havannas deuten. Als störend empfindet er die Bemalung seines Hauses in keinster Weise. Oft gibt der Staat selbst Graffitis bei lokalen Künstlern in Auftrag.

Unten | Chaos Computer Club? Wohl eher ein Hinweis auf das Chaos in der *Partido Comunista,* kurz PC, der kommunistischen Partei. Viele Graffitis und Tags geben dem Betrachter Rätsel auf – wer oder was wird hier kritisiert?

Oben | Wie ein wild gewachsener Garten: Gerade bei Nacht haben die Hauseingänge und Hinterhöfe Havannas ihren ganz eigenen Reiz. Manchmal ist es schwierig, den Bewohnern zu erklären, was und warum hier fotografiert wird.

Rechts | Beachtenswert ist der Wirrwarr an Kabeln und Elektroinstallationen. Einerseits geht durch die Sanierung ein Teil von Havannas Charme verloren, andererseits wird das Leben für die Bewohner sicherer und komfortabler.

stetig verändernden Gesamtkunstwerks. Sinn und Nutzen sind keine maßgeblichen Kriterien: War etwas schon immer da, darf es auch da bleiben. Gebilde dieser Art werden dann häufig durch das bewusste gestalterische Eingreifen der Bewohner abgerundet, sei es durch eine alte Konservendose mit einem Strauß verstaubter Plastikblumen, die an einem ungenutzten Stromkabel aufgehängt wird, oder durch einen gepinselten Revolutionsspruch neben einer Reihe zerdellter Blechbriefkästen. Der Umstand, dass sich in diesem scheinbaren Chaos eine ganz spezielle Ästhetik und das Bedürfnis nach »schöner Wohnen« erhalten hat, transportiert seine ganz eigene Poesie.

SANIERTE FASSADEN UND DIE SLUMS DER VORORTE

Als UNESCO-Weltkulturerbe erhält *La Habana Vieja* auch finanzielle Unterstützung aus dem Ausland. Diese ermöglichte in den letzten Jahren die Restaurierung und damit den Erhalt vieler der alten Gebäude. Über die Jahrzehnte hinweg hatten die salzige Meeresluft und die hohe Luftfeuch-

Links | Abendlicher Dunst über den Dächern Havannas. Im Hintergrund erhebt sich das Hotel *Habana Libre*, das vor der Revolution noch *Havana Hilton* hieß. Auch das Gebäude der Zigarrenfabrik *Partagas* im Vordergrund hat schon bessere Zeiten gehabt.

Vorherige Seite | Kuratorin Magdalena Rivas Rodríguez organisiert Kunstausstellungen für den Staat. Sie erzählt von der kritischen Auseinandersetzung kubanischer Künstler mit ihrer schwierigen Lebenssituation und dem fehlenden Markt für Kunst auf Kuba.

Oben | Im *Gran Teatro de la Habana*, dem Opernhaus Havannas, ist auch das *Ballet Nacional* zu Hause. Das Gebäude wurde liebevoll hergerichtet und präsentiert gerade in der blauen Stunde seine volle Schönheit.

Rechts | In den Straßen Havannas warten die Bici-Taxis auf Kundschaft. Wahrscheinlich gibt es auf Kuba mehr Fahrradtaxis als private PKWs. Der spärliche Verkehr selbst im Zentrum der Hauptstadt lässt dies jedenfalls vermuten.

tigkeit die künstlerische Leitung übernommen, Salpeter und andere Salzablagerungen, Risse, aus denen Pflanzen sprossen, und bröckelnder Stuck prägten das Bild der Altstadt. Die sanierten Fassaden erstrahlen nun zwar wieder in neuer Farbenpracht, mit den Baufälligkeiten geht aber leider auch der morbide Charme Havannas nach und nach verloren. (Da Sicherheit vor Charme geht, ist allerdings gut nachvollziehbar, dass die Bewohner Havannas gern auf Letzteren verzichten, wenn das ihre Häuser vor dem Einsturz schützt.) Nahezu täglich, so wurde mir erzählt, stürze in Havanna nach wie vor irgendein Haus in sich zusammen. Ob das stimmt, kann ich nicht mit Sicherheit sagen, Ruinen, die wie faule Zähne in den Himmel ragen und in denen immer noch Familien hausen, habe ich allerdings reichlich gesehen.

Habana Vieja ist dicht besiedelt, auf einem Quadratkilometer leben hier über 10.000 Menschen. Selbst wenn die Häuser oberirdisch nicht mehr bewohnbar sind, geht das Leben in vielen kleinen Ein- bis Zwei-Zimmer-Wohnungen, angeordnet an langen, düsteren Kellergängen, in den Kellerkatakomben weiter. 2005 lernte ich am Malecón von Havanna Vladimir kennen, der zusammen mit seinem Bruder, seiner Schwester und den beiden Söhnen der Schwes-

Oben | Parallelwelten: ein Flaschensammler mitten im touristischen Trubel auf der Plaza de San Francisco de Asís in Havanna. Mütze und T-Shirt sind Überbleibsel der Gäste aus dem kapitalistischen Ausland. Der Müll der Touristen ist sein Geschäft.

Rechts | Die Plaza de la Catedral in *Habana Vieja* kann man nur in den frühen Morgenstunden so menschenleer erleben. Die Kathedrale San Cristóbal ist eine katholische Kirche und Zentrum des gleichnamigen Erzbistums.

ter in einem solchen Kellerzimmer ohne Fenster wohnte. Die beiden Kinder schliefen nachts auf dem einzigen Bett im Raum, die drei Erwachsenen auf Wolldecken auf dem Fußboden. In einer Ecke des Raums befand sich eine kleine Kochnische mit einer Kloschüssel, die gleichzeitig auch als Waschbecken diente. Nicht selten sind die Zimmer und deren Bewohner nur durch Bettlaken voneinander getrennt. Für Vladi und seine Familie war dieses Kellerloch nur der Schlafplatz, das eigentliche Leben spielte sich, wie allgemein auf Kuba, hauptsächlich auf der Straße ab. Nicht umsonst hat man dort das Gefühl, den Einheimischen mitten durchs Wohnzimmer zu laufen.

Nicht nur die Fassaden der Häuser Havannas werden seit einigen Jahren saniert, sondern auch das Wasser- und Stromnetz. Vielerorts werden die Straßen aufgerissen, um Wasser- sowie Stromleitungen unterirdisch zu verlegen. Das soll zur Folge haben, dass auch die Bewohner der Altstadt künftig rund um die Uhr Wasser und Strom zur Verfügung haben. Stromausfälle gehören auf Kuba immer noch zum Alltag, und auch Trinkwasser aus der Leitung ist keine Selbstverständlichkeit. Derzeit stehen auf den Dächern der meisten Häuser

noch Wassertanks, die regelmäßig von der *pipa*, dem Trinkwasserwagen, befüllt werden.

Viele Kubaner befürchten, dass all diese Instandsetzungsmaßnahmen, ob an Häusern oder am Wasser- und Stromnetz, letztendlich doch nur den Touristen und weniger den Einheimischen zugutekommen. Die in unseren Städten nur zu gut bekannte Gentrifizierung bricht sich auch in Havanna Bahn, viele Menschen werden aus ihrem angestammten Wohnraum in der Altstadt vertrieben und müssen an den Stadtrand umsiedeln. Mehr und mehr wird die Altstadt so zum Standort schöner Hotels und hübscher Restaurants für uns Touristen.

Dass diese Sorge nicht ganz unberechtigt ist, zeigt das Beispiel des Hauses Compostela # 653. Einst lebten dort über 50 Parteien. Mit der Zeit zwang der zunehmende Verfall immer mehr Familien dazu, ihr Domizil zu verlassen. Als es dann hieß, das Haus solle saniert werden, freuten sich die verbliebenen Bewohner zunächst sehr. Zu ihrer Enttäuschung erfuhren sie dann aber, dass nach den Plänen der Geldgeberin hier eine Ballettschule und ein Hotel entste-

Folgende Seite | Compostela # 653: Auch dieses Haus soll saniert werden, allerdings nicht für seine bisherigen Bewohner. Ein Hotel und eine Ballettschule seien angedacht, erzählen die letzten verbliebenen Bewohner der Ruine. Einst lebten hier 50 Parteien, heute sind es nur noch fünf Familien. Besorgt und verärgert führt diese Dame uns durch ihre bescheidene Behausung. Zu fünft schlafen sie in den zwei kleinen Betten. Die Regierung wolle sie an den Stadtrand umsiedeln, aber das hier sei ihre Heimat. Sie wollen sich nicht entwurzeln lassen.

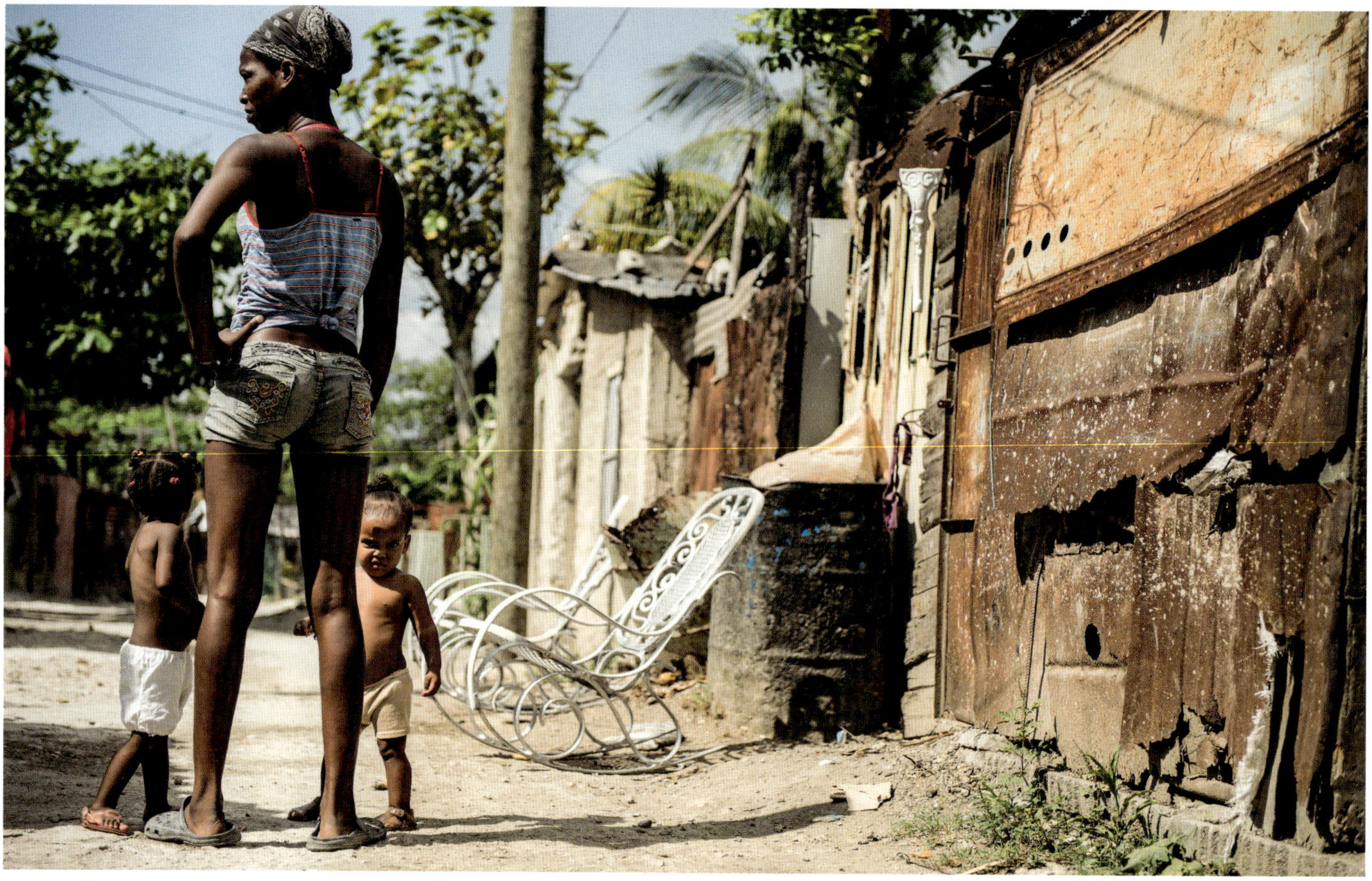

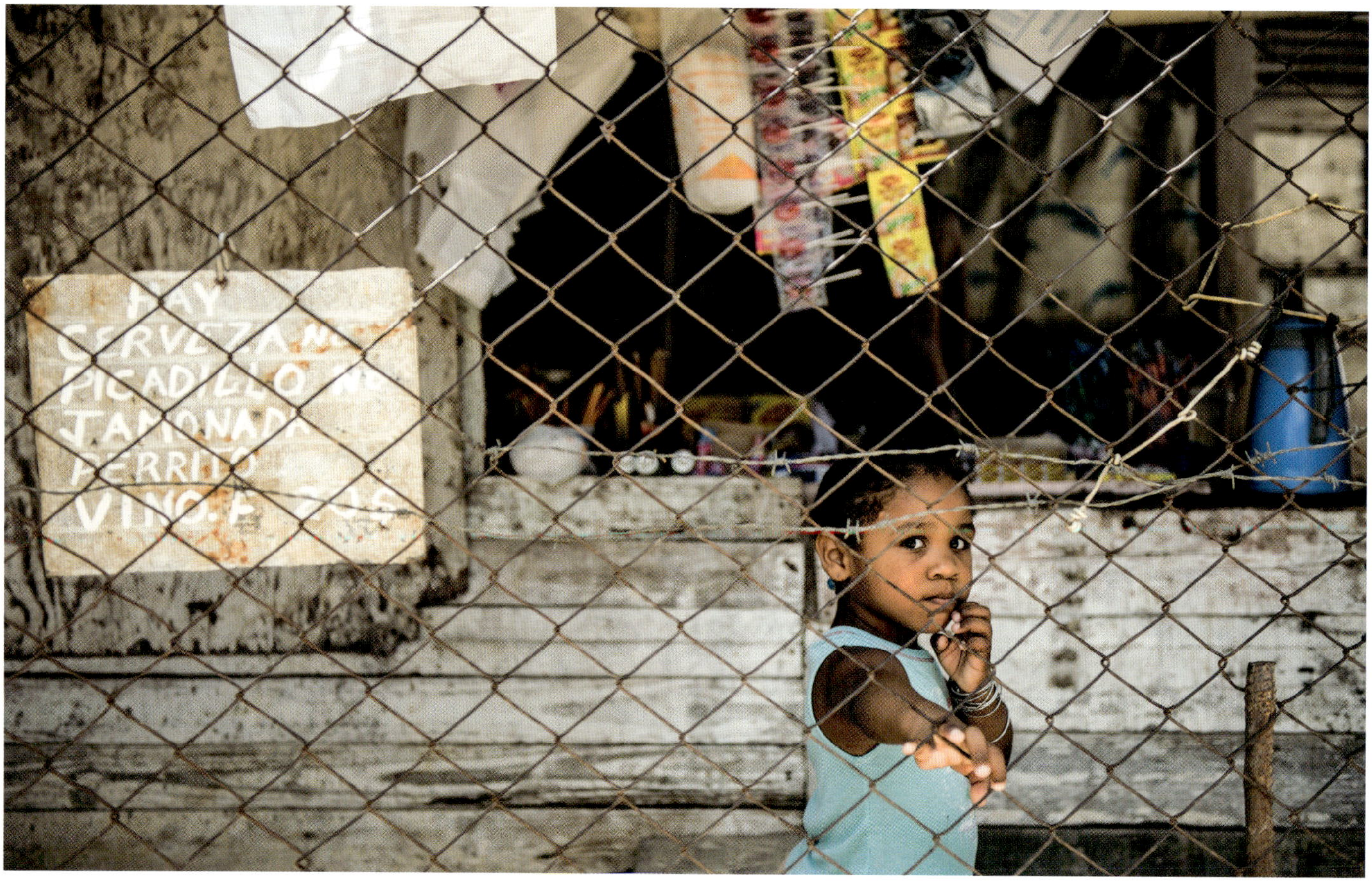
HAY
CERVEZA
PICADILLO
JAMONADA
PERRITO
VINO

hen sollen. Heute leben gerade noch fünf Familien in dem Haus. »Dieses Haus ist am Ende – aber es war uns ein glückliches Heim«, steht sinngemäß auf einer der Hauswände geschrieben. Die letzten Bewohner erzählen, dass ihnen schon vor Jahren Ersatzwohnraum am Stadtrand versprochen worden sei. Trotzdem wollen sie lieber bleiben. »Es fühlt sich an, als würde man uns unsere letzten spärlichen Wurzeln nun auch noch ausreißen!«, klagte eine Frau, die seit über 20 Jahren in dem Haus lebt und deren Kinder und Enkel dort aufgewachsen sind. »Es ist nicht weniger als unsere Heimat, was uns hier genommen wird!« Obendrein sei das Überleben am Stadtrand viel schwieriger als in der Altstadt.

Auf meiner Suche nach dem »anderen Kuba« lernte ich eines Tages in Havanna auch Yosvani kennen. Der gläubige Rastafari meinte zu mir: »Du willst ›das andere Kuba‹ kennenlernen? Na, dann komm mal mit mir, ich zeig's dir!« Er nahm mich mit nach San Miguel de Padron, einen Vorort Havannas, wo er zusammen mit seiner Frau Omilsi und seinem Sohn Neti lebte. Ich solle mir das dortige *llegaypon* ansehen. Das sei ein Ort, den Touristen für gewöhnlich nicht zu sehen bekämen. Das *llegaypon* ist die kubanische Variante einer Favela oder eines Slums, also ein Ort, den es offiziell auf Kuba gar nicht gibt.

»Llega y pon« heißt so viel wie »komm an und stelle auf«. In der Hoffnung, in der Hauptstadt ein besseres Leben zu finden, kommen viele Menschen aus den ländlichen Regionen hier an, rammen einfach vier Pfähle in den Boden und spannen ein Blechdach darüber auf, fertig – daher der Name. Ich halte gar nichts von »Slum-Watching«, aber mit Yosvani, den hier alle kannten und schätzten, durch das Viertel zu laufen, war eine Erfahrung, die ich mir nicht entgehen lassen wollte. Durch verschachtelte Gassen, an Zäunen aus den Häuten alter Ölfässer entlang und vorbei an schwelenden Müllhaufen zogen wir durch ein Labyrinth von Bretterbuden.

Es erscheint zwar heuchlerisch, dass der kubanische Staat versucht, die Existenz solcher Siedlungen zu leugnen, aber trotzdem sind viele der Bewohner dem Staat auch dankbar: »Dich als Deutschen mag es vielleicht schockieren, wie wir hier wohnen. Aber überleg mal: Wäre es in deinem Land möglich,

Links | Die Bewohner des sogenannten *Llegaypon* von Havanna kamen einst mit der Hoffnung in die Hauptstadt, hier ein besseres Leben zu finden. Entstanden ist eine kubanische Favela. Die Menschen sind einerseits froh, hier ohne Genehmigung leben zu dürfen, andererseits aber auch desillusioniert, da sie kaum Hoffnung auf Besserung haben.

Unten | 2005 habe ich am Malecón in Havanna Yosvani kennengelernt. »Du willst das wahre Kuba sehen? Komm, ich zeige es dir!«, sagte er und nahm mich mit in den Slum, in dem er mit seiner Familie lebte.

KAPITEL 2 | Hip-Hop Havanna

Rechts | Probleme mit dem Motor können die Geduld auf eine harte Probe stellen. Aber am Ende wird sich mit Sicherheit eine Lösung finden. Der Großteil dieser Oldtimer fährt mit moderneren Austauschmotoren. Großer Hubraum bedeutet zu viel teuren Treibstoff.

Unten | Auch wenn viele Kubaner lieber neuere Wagen fahren würden, sind sie doch sehr stolz auf ihre »kubanisierten« Ami-Schlitten. Eine geöffnete Motorhaube wirkt wie eine Einladung zur Fachsimpelei über die alte Technik. Auch wenn bei den beeindruckenden Gefährten die Funktion klar im Vordergrund steht, erfreut ihr Anblick jedes Fotografenherz.

sich ohne irgendeine Genehmigung am Rande einer Stadt niederzulassen, eine Hütte zu bauen und dann über Generationen kostenlos friedlich darin zu wohnen, ohne dass der Staat etwas dagegen unternimmt oder einen vertreibt? Das ist Sozialismus!« Als wir das gehört hatten, grinste Yosvani mich nur an. Später kommentierte er ironisch: »Ja, ja, man muss schon dankbar sein, wenn man im Sozialismus, wo angeblich jeder dasselbe Recht auf Wohnraum hat, wohnen darf wie die Tiere im Stall!«

ALLES NUR FASSADE? DIE ALTEN AUTOS

Neben den architektonischen Sehenswürdigkeiten Havannas gehören sicherlich auch die alten amerikanischen Autos zu den Dingen, die uns Touristen immer wieder Freude bereiten. Die meisten dieser mächtigen Schlitten fahren in Havanna herum. Es ist aber nicht etwa so, dass diese Autos auf Kuba als kostbare Raritäten gelten und als Statussymbole betrachtet würden. Jeder, der einen motorisierten Untersatz sein Eigen nennen kann, ob alter amerikanischer Chevrolet, russischer Lada oder antiquiertes DDR-Motorrad, ist privilegiert. Die besterhaltenen oder restaurierten Straßenkreuzer sind in Havanna im Dienste des Tourismus unterwegs. Für 20 bis 30 Touristen-Dollar kann man eines dieser Fahrzeuge samt Chauffeur mieten und sich eine halbe Stunde den Malecón rauf- und runterfahren lassen. Unter der Haube dieser Wagen gluckert dann meist auch noch ein originaler, hubraumstarker Benzinmotor mit sattem Sound. Normalerweise sind die Karosserien aber nur noch Fassade, denn in vielen surrt ein modernerer Diesel- oder scheppert ein kleiner, alter Lada-Motor vor sich hin, und die Bremsanlage ist vielleicht von einem Audi. Treibstoff ist knapp und teuer auf Kuba und Diesel günstiger als Benzin, deshalb werden die Autos auf diese Weise umgerüstet. Aber nicht

Oben | Der Sonne entgegen: Das Fahren auf Kubas Straßen erfordert einen gewissen Weitblick. »Los baches«, die zum Teil beeindruckenden Schlaglöcher, machen Sightseeing während einer Stadtrundfahrt für den Fahrer schwierig.

Rechts | Seit Kurzem können auf Kuba auch Privatpersonen Neuwagen kaufen – zumindest theoretisch. Ein neuer Peugeot kostet umgerechnet einen sechsstelligen Euro-Betrag. Immerhin sind schon viele Taxis und Leihwagen neueren Datums unterwegs.

zuletzt, weil man hofft, die Originalmotoren irgendwann an zahlungskräftige ausländische Autoliebhaber verkaufen zu können, werden diese nicht selten in einer Garage eingelagert. Sobald ich Interesse daran bekunde, was unter der Motorhaube steckt, führen mir die Besitzer meist stolz all ihre Adaptionen und Basteleien vor.

Oft bin ich mit dem Fahrrad kaum langsamer als die kubanischen Autofahrer. Diese müssen zum einen auf die vielen Schlaglöcher achten, denen die rostigen Kisten nicht mehr gewachsen sind, zum anderen schaffen die schwachen Motoren in zu schweren Autos oft keine höheren Geschwindigkeiten. Schon häufiger wurde ich auf einer Landstraße von einem PKW überholt, den ich wenig später wieder hinter mir ließ, weil das Fahrzeug mit Motorschaden liegen geblieben war. Aber nicht umsonst haben viele Kubaner immer einen Hammer unter der Motorhaube deponiert. Wenn man weiß, wohin man damit klopfen muss, geht es schon bald wieder ein Stück weiter, und so hat mich schon so mancher Fahrer freudig winkend später ein zweites oder gar drittes Mal überholt. Einmal kam ich mit dem Fahrer eines rostigen Ami-Schlittens, der als Taxi diente, ins Gespräch. Er fragte mich, welche Art von Auto ich in

Deutschland führe. Dass ich einen billigen Dacia aus dem ehemaligen Bruderland Rumänien besaß, konnte er nicht nachvollziehen: »Wenn ich in Deutschland leben würde, würde ich auf jeden Fall einen Mercedes-Benz fahren, auch wenn der 20 Jahre alt wäre, ganz egal. Das sind doch gute und stabile Autos!« Ich erzählte ihm vom Rost durch das Salz im Winter und dass Autos bei uns nicht mehr so alt würden. »Na und?«, meinte er. »Wenn man einfach alle Hohlräume mit Altöl auffüllt, wie wir das hier auf Kuba machen, dann hält das Ding noch mal 20 Jahre!« Ich entgegnete, dass das Altöl aber doch mit der Zeit wieder herauslaufe und auf die Straßen und Felder gelange. »Ach, Altöl ist doch sogar auf Kuba so billig, dass man es immer wieder nachfüllen kann.« Als ich ihm von der Abwrackprämie berichtete, die vielen alten Autos den Garaus machte, fand er das zunächst recht lustig, entdeckte aber dann den perversen Widerspruch, in dem solche kapitalistischen Maßnahmen zum Sozialismus stehen.

In ihrer Gemächlichkeit und etwas verfallenen Würde passen die alten Autos jedenfalls recht gut zum kubanischen Alltag. Ob sich nun die Kubaner der ihnen gebotenen Technik angepasst haben oder die Technik den Kubanern, sei dahingestellt.

DIE ZUKUNFT DER STRASSE

Dass die kubanische Gemächlichkeit irgendwann vollständig verschwinden wird, wage ich zu bezweifeln. Sie ist ein zu wesentlicher Teil der *cubanidad*, des kubanischen Lebensgefühls. Schon heute allerdings werden die amerikanischen und russischen Oldtimer nach und nach durch Neuwagen aus Europa und Fernost abgelöst. Seit 2014 können auf Kuba auch Privatpersonen Neuwagen kaufen. Über die Ankündigung, endlich auch neue Autos erwerben zu können, haben sich die Kubaner zunächst riesig gefreut, aber die Ernüchterung ließ nicht lange auf sich warten: Ein Peugeot 508 zum Beispiel kostet auf Kuba stolze 200.000 US-Dollar,

denn der kubanische Staat belegt die Neuwagen mit saftigen Zöllen und Aufschlägen. Wer auf Kuba in der Lage ist, größere Summen anzusparen, hat das Geld meist von Verwandten aus dem Ausland bekommen oder auf Kuba im Tourismus verdient. Zumindest indirekt stammen die Vermögen somit aus dem Ausland, und von diesem Reichtum möchte der kubanische Staat natürlich seinen Teil abhaben, denn er steht auch finanziell mit dem Rücken zur Wand.

Erschwinglicher sind die neuen Elektro-Scooter, die jetzt Kubas Straßen erobern. Chinesische E-Roller werden über Panama nach Kuba geschmuggelt und dann zu einem Straßenpreis von 2.000 bis 2.500 CUC gehandelt. Viele Kubaner, die bisher vielleicht gerade einmal ein Fahrrad besitzen, sparen jetzt auf ein solches Gefährt. Die Phase eines Fahrzeugs mit Verbrennungsmotor für die breite Masse wird also einfach übersprungen.

ALLES, WAS DAS HERZ BEGEHRT: MUSIKALISCHE VIELFALT

Auf unserer Suche nach der aktuellen Musikszene Kubas haben Martin Treppesch, der junge Tontechniker aus München, und ich im Jahr 2005 viele Wochen in Havanna verbracht. Wenn man auf Kuba etwas sucht, findet man es am ehesten in der Hauptstadt, das hatte ich bereits bei meiner ersten Kubareise gelernt. 2005 suchten wir Hip-Hop-, Reggae- und andere Bands. Aber wie es immer so ist, versteckt sich das, was man gerade sucht, oft besonders gut. Zwar tönen für uns Touristen aus jeder Bar und jedem Restaurant Salsa und Son auf die Straße heraus, aber Vertreter der alternativen Musikszene findet man nicht an jeder Ecke.

Also fragten wir uns durch – kein Langhaariger mit Marilyn-Manson-Shirt, kein Hip-Hopper mit Oversized-Hosen und Basecap, kein Dreadlockträger war vor mir sicher. Allmählich sprach sich herum, dass ein deutscher Fotograf und ein Tontechniker sich für *la musica alternativa* interessierten. Wir erfuhren von einem Heavy-Metal-Konzert in einem Vorort Havannas und fanden uns um 21:00 Uhr, der angegebenen Zeit, am angegebenen Ort ein. Kaum zweieinhalb Stunden später begann das Konzert dann auch.

KAPITEL 2 | Hip-Hop Havanna

Im coolen Auftreten, in Gestik und Mimik, standen die Bands ihren Kollegen aus Europa und den USA in nichts nach. Auch das röhrende Death-Metal-Gebrüll konnte gut mithalten. Nur leider sangen an diesem Abend alle Bands auf Englisch und waren daher, bis auf ihren netten kubanischen Akzent, nicht von »westlichen« Bands zu unterscheiden. Dennoch genossen wir den Abend und die Gespräche mit den Musikern sehr. Als sie erfuhren, dass wir Deutsche sind, erzählten uns die Mitglieder einer der Bands voller Begeisterung, dass *Los Escorpiones* bald auf der Plaza de la Revolution in Havanna spielen würden. Ich musste nachhaken, ob sie damit wirklich die deutsche Hardrock-Band *Scorpions* aus den 1980er-Jahren meinten. »Ja genau, die mit ›Wind of Change‹!«, war die Antwort. Ich wunderte mich, denn der Unterschied zu ihrer Form des Death Metal hätte kaum größer sein können. »Hey, Mann, das ist eine bekannte ausländische Band, die hier live und gratis auftritt. So was kommt nur ganz, ganz selten vor! Es ist nicht so, dass wir hier eine große Auswahl hätten. Das ist *musica alternativa* und wir sind eine große Familie!« Mit ihrer Plastikflasche Rum stießen die Jungs noch einmal auf das kommende Ereignis an: »Die *Scorpions* hier in Havanna, das wird ein Fest!« Leider ist es dann wohl doch nie zu diesem Konzert gekommen.

Der Begriff *musica alternativa* umfasst alles, was nicht der traditionellen kubanischen Musik zuzuordnen ist: Rock, Heavy, Punk, Emo, Reggae, Hip-Hop, Techno … Interessant ist, dass die Fans eben nicht wie bei uns in die verschiedenen Lager unterteilt sind, es heißt nicht Metal-Fans gegen Hip-Hopper oder Techno-Begeisterte. Man versucht, alles mitzunehmen, was es an Live-Konzerten gibt, denn das ist ohnehin nicht viel, schon gar nicht in Bezug auf ausländische Musiker. Bemerkenswert ist aber auch, dass auf Kuba alle Arten von Musik gleichermaßen staatliche Unterstützung erhalten. Praktisch jede Band, egal welcher Musikrichtung, kann sich als eine Art staatliche Firma eintragen lassen und den Musikern so den staatlichen Mindestlohn sichern. Dieser allein reicht zwar nicht zum Überleben, man gewinnt dadurch aber den Status eines Berufstätigen im Gegensatz zum Ruf eines Taugenichts, der brotlosen Künsten nachhängt.

Unten | Bacardi-Feeling auf Kuba! Junge Studenten der Universität von Havanna, an der schon Fidel Castro Jura studierte, in ihrer Mittagspause. Musik ist ständiger Begleiter der jungen Leute.

MUSIK UND POLITIK: SUBKULTURELLE FREIDENKER

Heutzutage genießt Rock-Musik auf Kuba breite Akzeptanz, doch das war nicht immer so. Einige Altrocker erzählten mir: »Früher galten wir als der Bodensatz der Gesellschaft.« Heute jedoch sind auch die Vertreter von Rock und Heavy Metal im kubanischen Staatsgefüge angekommen, wie ich anhand der Heavy-Metal-Band *Tendencia* im Kapitel »Hasta siempre, Heavy Metal« noch näher zeigen werde.

Mit etwas mehr Widerstand haben heute noch einige Vertreter des Sprechgesangs zu kämpfen. Hip-Hop und Rap sind bereits als Ausdrucksformen von Kritik und Unmut entstanden. Wenn sich dieser Unmut gegen den Staat richtet, hat das auch auf Kuba oft weitreichende Konsequenzen. Natürlich gibt es auch hier einen eher belanglosen Mainstream-Hip-Hop, aber eben auch jene echten Underground-Rapper, die sich an geheimen Orten treffen, um beim Freestyle ihrem Zorn Luft zu machen.

2005 lernten Martin und ich auch die Reggae-Band *Insurrectos* (später *Herencia*) aus Havanna kennen und machten ein paar Aufnahmen mit ihr. Sänger Ñaño hatte gerade erst eine fünfjährige Haftstrafe abgesessen. Er sei, so berichtete er, Präsident einer landesweiten Rastafari-Organisation gewesen und zu häufig mit dem Gesetz in Konflikt geraten. Anfangs fiel es mir schwer, zu verstehen, warum so viele Rastafaris und Reggae-Musiker verfolgt wurden. Ihre Texte waren meist nicht übermäßig provokant, bewegten sich oft haarscharf innerhalb der Grenzen des Erlaubten. Fünf Jahre später, auf einem Open-Air-Konzert derselben Band in Santiago de Kuba, begriff ich dann schon eher, warum sich der Staat von ihnen provoziert fühlte. Zwischen den Liedern trat immer wieder ein schön gekleideter Rasta mit einem Holzstab in der Hand ans Mikrofon, um dem Publikum ordentlich einzuheizen. Dennoch wählte er seine Worte mit Bedacht, sprach zum Beispiel von einer Welt ohne Freiheit, nicht aber von einem Land ohne Freiheit. Am hinteren Rand des Areals, wo der Platz an die Straße anschloss, standen mehrere Reihen

Links oben | 2005 wurde ich von Tontechniker Martin Treppesch begleitet. Er hatte gerade seine Ausbildung abgeschlossen und sah sich angesichts der kubanischen Technik vor große Herausforderungen gestellt. Mit einfachen Mitteln holte er aus jeder Situation das Beste heraus.

Links unten | Dieser Herr stellte sich mit seinem Künstlernamen »San Miguel« vor. Während seine Musik früher eher in Richtung Hip-Hop ging, macht er heute eine Art Raggamuffin und Reggaeton. Für Sonntagmorgen, halb acht, eine für Kubaner äußerst untypische Zeit, hatten wir uns mit ihm in Havanna zu Tonaufnahmen verabredet.

Unten | Auf Kuba ist Musik aller Richtungen anzutreffen, von Salsa bis Hip-Hop, von Reggae bis Heavy Metal. Ein Schuss kubanische Musik ist aber eigentlich immer mit dabei.

KAPITEL 2 | Hip-Hop Havanna

Rechts | Kuba hat eine große Rastafari-Szene. 2005 lernten wir die Reggae-Band *Insurrectos* (später *Herencia*) kennen. Mit ihren Texten loteten sie häufig die Grenzen des Erlaubten aus, was nicht ohne Folgen blieb, vor allem für Bandleader Ñaño.

Unten | Mitte 2010 war Zuraima noch mit ihrem Mann Ñaño samt Familie auf Konzerttournee gewesen. Kurz darauf wurde Ñaño inhaftiert und sitzt seit inzwischen sieben Jahren im Gefängnis. Bereits zum zweiten Mal ist Zuraima allein mit den beiden Kindern.

braun gekleideter Militärs und bestimmt waren auch zahlreiche zivile Staatswächter und Spitzel im Publikum. Zu meinem Erstaunen stellte ich fest, dass unter den Zuhörern viele Menschen waren, die zumindest nicht offenkundig wie Reggae-Fans wirkten: Familien mit Kindern und ältere Menschen. Auf meine Frage, was sie sich von dem Konzertbesuch versprochen hätten, erhielt ich Antworten wie: »Wir wollen hören, was sie sich heute wieder trauen!«, oder: »Die Rastas sprechen offen aus, was viele von uns denken!« Ein junger Mann mit Glatze erzählte mir, er sei selbst Rasta, man habe ihn aber gezwungen, sich seine Dreads abzuschneiden. Später schnappte auch er sich noch das Mikrofon und sang: »Rastafari es lo que piensa! Aunque lleve Rasta, aunque trensa!« (»Rastafari ist, was man denkt! Auch ohne Rastalocken oder Zöpfe!«), und ein Großteil des Publikums stimmte ein.

Ñaño, der Bandleader von *Herencia*, war nach unserer ersten Begegnung gerade einmal sechs Jahre auf freiem Fuß. Seit 2011 sitzt er wieder im Gefängnis, diesmal sollen es zehn Jahre werden. Man habe ihm 70 Gramm Marihuana untergeschoben und ihn wegen Dealerei verurteilt. Seine Frau Zuraima ist wieder allein mit den beiden Kindern. Sie erzählte mir, Ñaño sei nach einem seiner Konzerte noch im Publikum von der Polizei niedergeprügelt worden, außerdem habe man ihm den Turban heruntergerissen – für einen Bobo-Shanti-Rasta, der die Haare stets bedeckt hält, eine mutwillige Erniedrigung. Auf der Polizeistation habe dann jener Polizist vor ihm gestanden, dessen Angebot zur »Zusammenarbeit« Ñaño vor einigen Jahren ausgeschlagen habe. Man habe einen Beutel mit Marihuana auf den Tisch gelegt und gesagt: »Schau, was wir in deinem Turban gefunden haben!« Entlastungszeugen, darunter sogar Mitarbeiter des Nachbarschaftskomitees CDR, einer Art kubanischer Stasi, seien nicht zugelassen worden. Diese hätten angeben wollen, dass Ñaño zwar gelegentlich Marihuana konsumiere, von Dealerei aber keine Rede sein könne. 40-prozentiger Alkohol wird vom Staat selbst an die Bevölkerung ausgegeben und exzessiv konsumiert, aber schon der Besitz von ein paar Gramm Hanfblüten bedeutet viele Jahre Gefängnis – ein kaum nachvollziehbarer Widerspruch, nicht nur auf Kuba.

Links | Vom Castillo de los Tres Reyes del Morro aus hat man einen wunderbaren Blick auf den Malecón von Havanna. Auf der Ufermauer reihen sich die Menschen wie Perlen auf einer Schnur. Hier werden Geschäfte gemacht und Urlaubsgefühle genossen.

KAPITEL 3

FRAUEN IN DER KUBANISCHEN GESELLSCHAFT: *SOCIALISMO, MACHISMO, PROSTITUTION*

KAPITEL 3 | Frauen in der kubanischen Gesellschaft

SEXTOURISMUS AUF KUBA

Unter den zahlreichen Kuba-Klischees gibt es einige harmlose, wie etwa das des Zigarre rauchenden alten Kubaners im Schaukelstuhl oder des trotz Armut fröhlichen Salsa-Tänzers. Ein problematisches Klischee ist dagegen das der »heißblütigen Kubanerin«.

Bei meinen ersten Vorträgen über Kuba wurde ich des Öfteren gefragt, warum ich so wenig von der weiblichen Bevölkerung Kubas erzähle. Als ich darüber nachdachte, stellte ich fest, dass ich mich dem Thema Frau auf Kuba in der Tat bis dahin nur sehr vorsichtig genähert hatte. Für einen allein reisenden Mann ist es normalerweise zwar kein Problem, schnell Kontakt auch zur weiblichen Bevölkerung zu knüpfen, mir war aber bekannt, dass Kuba ein beliebtes Reiseziel europäischer Sextouristen ist. Tatsächlich sind die süßlichen Zurufe kubanischer Frauen à la »Hola, cariño, por donde te vas?« (»Hallo, Schätzchen, wo gehst du denn hin?«) allgegenwärtig. Daher fand ich es eher schwierig, die Art des Interesses einzuschätzen, wenn Frauen versuchten, Kontakt zu mir aufzunehmen. Ich wollte um jeden Preis verhindern, missverstanden zu werden. Also ging ich weitaus häufiger auf Männer zu und ließ mich auf deren Arbeit, Alltag, Leben ein. Mit dieser Erkenntnis nahm ich mir vor, mich bei meinen nächsten Kubareisen auch der weiblichen Bevölkerung zu nähern – nicht weniger vorsichtig, aber eindeutiger und offener.

Die Gleichstellung von Mann und Frau gehört zum offiziellen Programm des Sozialismus, auch auf Kuba. Im Alltag hingegen macht sich häufig ein karibischer *machismo* bemerkbar. Frauen werden in erster Linie als Objekt sexueller Begierde betrachtet, und zwar nicht etwa heimlich, sondern vielmehr ausgesprochen lautstark. Viele Männer machen vorbeigehende Damen mit einem Zischeln oder Pfiff auf sich aufmerksam, um auf ihre eigene erotische Anziehungskraft hinzuweisen.

Schon des Öfteren stand ich in einer Runde kubanischer Männer am Straßenrand, in eine lebhafte Unterhaltung vertieft, die ganz plötzlich abbrach,

Links | Was macht der denn da? Das Interesse der Kubaner an uns Ausländern nimmt durch den enorm angestiegenen Tourismus stetig ab. Unsere Neugier auf das Leben der Einheimischen dagegen nicht. Ein respektvoller Umgang mit ihnen ist nicht nur für Fotografen Pflicht!

Unten | »Das hat nichts mit schlechter Erziehung zu tun, es ist einfach nur Gewohnheit!«, rechtfertigt dieser Herr sein unverhohlenes Anstarren vorbeigehender Frauen. Viele Kubanerinnen werten das als Kompliment, andere sehen darin aber auch einen unangenehmen Auswuchs des kubanischen *machismo*.

weil alle einer Frau hinterherblicken und ihre Erscheinung ausgiebig kommentieren mussten, zum Beispiel mit einem verzückten »para comer!« (»zum Anbeißen!«). Auf meine Bitte, eine solche Situation mit der Kamera dokumentieren zu dürfen, erntete ich echte Verwunderung über mein Interesse an etwas derart Alltäglichem. Später erklärte mir einer der beteiligten Männer zu ihrer Entschuldigung: »Das hat wirklich nichts mit schlechter Erziehung zu tun, es ist einfach nur Gewohnheit. Man lernt das eben von klein auf von den Großen.« Als ich den Männern erzählte, wie ähnliche Situationen bei uns in Deutschland abliefen und dass man bei einem vergleichbar rüden Verhalten schon einmal eine Ohrfeige von der Belästigten kassieren könne, war die Entrüstung groß und man(n) war sich sicher, niemals nach Deutschland reisen zu wollen!

Auch den beteiligten Frauen erklärte ich im Nachhinein den Grund meines Fotografierens und bat um Erlaubnis, die Bilder verwenden zu dürfen. Auch hier spürte ich Verwunderung, hatte auf diese Weise aber die Gelegenheit, mir die Haltung der einheimischen Frauen erläutern zu lassen: Die meisten Frauen, mit denen ich sprach, fassten das Verhalten der Männer eher als Kompliment auf. Einige empfanden es aber sehr wohl als Belästigung und Herabwürdigung, die nicht zu einer modernen sozialistischen Denkart passt.

Wie vielerorts sind auch auf Kuba meist die Frauen der treibende Motor des Familienlebens und -zusammenhalts. Während die Männer sich nach oder auch schon während der Arbeit mit einer Flasche Rum an der Straßenecke versammeln und ihren Leidenschaften frönen, sind es die Frauen, die scheinbar unermüdlich (meist noch von Hand) die Wäsche waschen oder mit dem geringen staatlichen Lohn versuchen, auf dem Schwarzmarkt oder in den bodegas die Lebensmittel für den täglichen Bedarf zu ergattern. Als kubanische Frau verbringt man viel Zeit in langen Warteschlangen!

HIP-HOP UND FRAUENRECHTE

Auf der Suche nach MusikerInnen der anderen Art lernte ich 2005 auch *Las Crudas*, die Hip-Hop-Combo zweier kubanischer Feministinnen, kennen. Sie setzten sich mit ihren Sprechgesängen für die Rechte der Frauen ein, die in diesem Machostaat nicht selten unterdrückt und misshandelt werden. Die vielen großspurigen, häufig rumseligen Männer, die den Frauen

Links | Kubanische Männer sind schön und stark. Meistens sind sie sich dessen auch bewusst und tragen es offen zur Schau. Erscheinungsformen des Körperkults wie Bodybuilding, Piercings und Tattoos sind auch auf Kuba angesagt, ebenso wie Markenkleidung.

Oben | *Las Crudas,* »die Rohen«, nennt sich die Hip-Hop-Gruppe dieser beiden Frauen aus Havanna. Sie setzen sich für die Rechte der Frauen auf Kuba ein, die in diesem Machostaat nur allzu oft missbraucht und misshandelt werden.

Rechts | Homosexualität, Transsexualität und Transgender gibt es natürlich auch auf Kuba, wie überall auf der Welt. In den letzten Jahren ist das Leben gerade für Homosexuelle leichter geworden, das jahrzehntelange Versteckspiel hat für viele ein Ende gefunden.

hinterherpfiffen und in ihrem großspurigen Macho-Gehabe nicht wahrzunehmen schienen, dass sie ohne ihre Frauen nicht einmal ein sauberes Hemd am Leibe hätten, gingen mir damals ziemlich auf die Nerven. Im Gespräch mit den beiden Rapperinnen über die Situation kubanischer Frauen ließ ich meinem Unmut freien Lauf. Sie hörten mich gelassen an und erklärten mir dann: »Du kommst aus Deutschland, du hast alle Freiheiten der Welt. Wenn dir dein Land zu eng wird, verlässt du es einfach. Unsere Männer können das nicht. Sie können ihren Alltag nicht einfach mal hinter sich lassen. Für viele sind Alkohol, Musik und Sex die einzigen Möglichkeiten, für einen Moment auszubrechen, all die Sorgen und all das Bedrückende zu vergessen und einfach nur die Leichtigkeit des Seins zu spüren! Du solltest dir kein Urteil erlauben. Du weißt nicht, wie es ist, immer hier zu leben.«

Diese Zurechtweisung brachte mir augenblicklich die gehörige Portion Demut ein, die für den respektvollen Umgang mit allen Menschen, denen ich auf meiner Reise begegnete, Frauen UND Männern, nötig ist.

HOMOSEXUALITÄT AUF KUBA

Aber nicht nur Frauen, sondern auch Männer leiden unter dem kubanischen machismo. Zwar wurden die Rechte der Homosexuellen auf Kuba in den letzten Jahren enorm gestärkt, was nach jahrzehntelanger Unterdrückung und Diskriminierung überfällig war, doch will es vielen Kubanern einfach nicht in den Kopf, dass die Akzeptanz gleichgeschlechtlicher Liebe ein Merkmal einer freien und modernen Gesellschaft ist. Auch auf Kuba wird gemunkelt, dass der neue Präsident Raúl Castro selbst schwul sei. Echte Machos allerdings halten das für einen geschickten US-Diffamierungsversuch. Fest steht, dass Raúls Tochter, Mariela Castro, sich enorm und mit großem Erfolg für die Rechte von homosexuellen Frauen und Männern auf Kuba einsetzt. Gerade in den Städten scheint das Bedürfnis, seine Homosexualität endlich offen zeigen zu können, besonders groß zu sein. In Havanna gibt es jetzt sogar einige

KAPITEL 3 | Frauen in der kubanischen Gesellschaft

Rechts und unten | Menschen wie »digna Maria« sind es, die das Reisen durch Kuba immer wieder so spannend machen. Völlig überraschend sprach mich die damals 80-Jährige von der Seite an, um mich um eine Zigarette zu bitten.

legale Schwulen- und Lesbenkneipen und -diskotheken. Männer, die bewusst eine sehr feminine Gestik und Sprechweise an den Tag legen, und sogar Transsexuelle gehören heute zum Straßenbild Havannas. In meinen Gesprächen mit Homosexuellen äußerten sich diese durchwegs positiv über die neuesten Entwicklungen und Freiheiten. Kürzlich habe Mariela Castro im Internet eine »große Überraschung für alle Homosexuellen« angekündigt, erzählte mir während meiner letzten Kubareise Rudi, ein Balletttänzer aus Las Tunas, voller Freude: »Raúl wird sich auf seine alten Tage wohl nicht mehr outen, aber vielleicht dürfen wir ja demnächst heiraten!« Dann würden sein Freund Hector und er das auf jeden Fall tun, versicherte er mir mit verliebt glänzenden Augen.

DIGNA MARIA, 80 JAHRE: DIE EHRWÜRDIGE

Dass ältere Damen auf Kuba den vollen Respekt der männlichen Bevölkerung genießen können, hat mir die Begegnung mit »digna Maria« bewiesen. Ich war auf dem Heimweg von einem Bekannten im kleinen Küstenstädtchen Baracoa. Als ich an einem der alten Häuser der Stadt entlangging, sprach mich eine raue Frauenstimme von der Seite an: »Oye, muchacho! Tiene un cigarro pa mi?« (»Hey, Junge! Hast du eine Zigarette für mich?«) Erschrocken drehte ich mich um und blickte direkt in zwei wache Augen, die

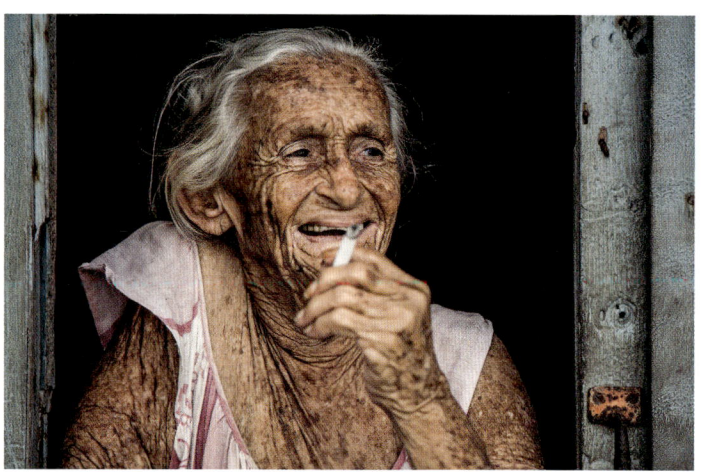

mich aus einem einzigartigen Gesicht musterten. Es wirkte mindestens so wettergegerbt wie die Fassade des alten Hauses, in dessen Türe die alte Dame lehnte. Schnell zog ich ein Päckchen *Popular* (die kubanische Volkszigarette) aus der Tasche. Die Alte nahm die Zigarette wortlos und ohne eine Miene zu verziehen entgegen, steckte sie sich in den Mundwinkel und sah mich erneut durchdringend an – spöttisch, wie mir schien, und dominant. »Feuer?« Rasch zog ich meine Streichhölzer heraus und zündete ihr die Zigarette an. Den Blick immer noch starr auf mich gerichtet, nahm sie einen tiefen Zug und blies mir den Rauch dann direkt ins Gesicht. »Woher kommst

Links | Die meisten kubanischen Frauen, egal ob alt oder jung, legen viel Wert auf ihr Äußeres. Bei manchen Damen hat man den Eindruck, sie trügen ihre Lockenwickler rund um die Uhr. Fragt sich, zu welchem Anlass sie schließlich herausgenommen werden!

du?«, fragte sie mich. »Was machst du hier?« Ehrfürchtig beantwortete ich ihre Fragen, war aber so fasziniert und perplex zugleich, dass ich meinerseits kaum einen sinnvollen Satz herausbrachte. *Digna Maria* heiße sie und sei 1930 geboren. Ich bat um ihre Erlaubnis, sie fotografieren zu dürfen. »Si, como no?« (»Ja, warum denn nicht?«) »Ich bin alt und hässlich, aber nur zu!« Dabei war sie sich ihrer Ausstrahlung durchaus bewusst. Man konnte immer noch deutlich erkennen, wie schön sie gewesen sein musste. Schließlich verabschiedete ich mich von *digna Maria* und schlenderte tief beeindruckt weiter. Keine 100 Meter weiter wurde ich von einer Gruppe Männer angesprochen, die mein Gespräch mit der Frau beobachtet haben musste: »Du warst bei *digna Maria*?«, fragten sie ehrfürchtig. »Ja, ja, die *digna Maria* – das soll mal ein ganz heißer Feger (»una caliente«) gewesen sein. Die hätte alle Männer haben können, aber sie wollte keinen!«, wird mir erzählt. Den Namenszusatz *digna*, »die Ehrwürdige«, bekam Maria von ihren Nachbarn als Ausdruck ihrer Hochachtung. Ein wirklich treffender Name für diese *señora*! Dass allerdings eine Frau, die offenbar reihenweise die Männer abblitzen ließ, bis ins hohe Alter und über Generationen hinweg den männlichen Respekt genießt, sagt viel über das Verhältnis zwischen Mann und Frau auf Kuba aus.

Links oben | Angesichts der Attraktivität der Kubaner hält sich das sexuelle Interesse kubanischer Frauen an Ausländern wohl eher in Grenzen. Was zweifellos reizvoll erscheint, ist das gut gefüllte Portemonnaie der Touristen. So sind solche Szenen in den Bars und Kneipen der touristischen Gebiete keine Seltenheit.

Links unten | Viele der Prostituierten sind Einzelkämpferinnen, die einfach versuchen, sich und ihre Kinder zu ernähren. Diese Dame erlaubte mir, sie zu fotografieren, deutete mein fotografisches Interesse an ihr aber ganz falsch. »Ficki-Ficki?«, lautete ihr kaum missverständliches Angebot nach der kurzen Foto-Session.

DIE WÜRDE DER FRAU UND DIE KÄUFLICHE LIEBE

Zum Glück ist *digna Maria* keine Ausnahme. Ehrwürdige Frauen gibt es auf Kuba so viele wie überall auf der Welt – auch unter jenen, welche die Gesellschaft gern als würdelos abstempelt. Selbst die Würde der *jineteras* (»Reiterinnen«), der Prostituierten, ist unantastbar. Und kein Tourist sollte glauben, nur weil auf Kuba vieles erlaubt scheint, was hierzulande als Tabu gilt, warteten die Kubanerinnen nur darauf, von uns Ausländern – oder vielmehr unserem Geld – beeindruckt und erobert zu werden. Prostitution ist auf Kuba prinzipiell illegal und wird mit mehreren Jahren Gefängnis bestraft.

Dennoch bewegt sich das Interesse an der Rolle der Frau auf Kuba bei manchem männlichen Zuhörer meiner Vorträge in eine eindeutige Richtung, die mich zugegebenermaßen ziemlich nervt. »Kommen auch noch Bilder von *chicas*?«, werde ich dann oft gefragt. Gemeint sind wohl die leicht bekleideten

Kubanerinnen, wie sie in den Tanzshows des berühmten Nachtclubs *Tropicana* in Havanna zu sehen sind. Wenn eine solche Frage noch begleitet wird von anzüglichen Anspielungen auf die eigenen »Eroberungen« beim letzten Kubatrip, schnürt es mir unwillkürlich die Luft ab.

Trotzdem nahm ich mir irgendwann vor, den Wunsch nach *chicas* zu bedienen und bei meinen nächsten Recherchen auf Kuba auch eine kubanische Prostituierte zu Wort kommen zu lassen. Bis dahin war ich den Vertreterinnen dieses wie gesagt illegalen Gewerbes immer tunlichst aus dem Weg gegangen. Bei einer früheren Reise hatte ich direkt am Malecón, der Uferpromenade Havannas und Arbeitsplatz vieler Prostituierter, gewohnt. Abends wurde mein Heimweg dann oft zum Spießrutenlauf durch die Lockrufe der Damen.

Zum Abendessen ging ich damals meistens in die dunklen Kellerkatakomben eines halb verfallenen Hauses am Malecón zu einer netten Frau, die keine offizielle Lizenz zum Essensverkauf besaß. Als ich dieselben Frauen, oft fast noch Mädchen, die mich auf dem Malecón umworben hatten, dann auch hier beim Essen traf, erschrak ich zunächst, aus Angst, nun auch noch hier mit eindeutigen Angeboten belästigt zu werden. Aber die Mädchen beachteten mich

KAPITEL 3 | Frauen in der kubanischen Gesellschaft

gar nicht, sondern löffelten nur still ihre Mahlzeit in sich hinein und unterhielten sich auch untereinander kaum. Den knappen und »ungeschäftlich« zurückhaltenden Gesprächen entnahmen sie irgendwann meinen Vornamen, Bruno. So hieß auch der Bösewicht der seinerzeit beliebtesten Telenovela Kubas, was bei dem auf Kuba ständig und überall, also auch hier, laufenden Fernsehgerät zur allgemeinen Erheiterung beitrug. Bald bedachte man mich scherzhaft mit dem Namen »Bruno, el malo« (»Bruno, der Böse«). Wenn ich dieselben Mädchen oben auf der Straße traf, war alles wieder beim Alten und ich wurde von allen Seiten mit Klassikern wie: »Hallo Schätzchen, wo gehst du hin? Bleib doch ein wenig bei mir und kauf mir eine Cola!« bedacht. Als ich die Situation mit einem: »Ich bin es doch, *Bruno, el malo*«, klären wollte, wurde mir rasch und leise klargemacht, dass das jetzt keinen Unterschied mache, sonst gebe es Ärger. Ich nehme an, diese Aussage bezog sich auf den echten *malo* in diesem Spiel, den Zuhälter.

Links | Über die Gesellschaft der jungen Kubanerin freute sich dieser Tourist allem Anschein nach. Von dem Musikanten, der auch etwas vom »Kuchen« abhaben wollte, war er hingegen sichtlich genervt.

Unten | »Hola, cariño, porque te vas?« Beatriz forderte mich auf, ein wenig bei ihr zu bleiben. Sie ist alleinerziehende Mutter, kommt vom Land und verdient sich durch Prostitution – auf Kuba illegal – ihr Geld.

BEATRIZ: PROSTITUIERTE

Auf meiner nächsten Kubareise ignorierte ich die ersten professionellen Avancen also nicht, sondern erklärte der Dame mein Interesse an einem Interview. Natürlich erntete ich dafür zunächst spöttische Blicke der Art: »Klar, der will nur reden …« Für das Gespräch mussten wir uns in die nächste Straßenbar zurückziehen und dort etwas konsumieren, um den Schein zu wahren.

Die junge Frau nannte sich Beatriz. Seit drei Monaten sei sie nun in Havanna, komme aber eigentlich aus einer Kleinstadt in der Provinz Holguín, wo sie mit ihrer kleinen Tochter lebe. Sie bleibe noch weitere drei Monate in Havanna, dann müsse sie wieder zurück. Offiziell habe sie sich zu einem Lehramtsstudium an der Uni von Havanna eingeschrieben. An diese Version glaube offenbar auch ihre Familie. Auch die meisten ihrer Kolleginnen kämen vom Land

Links | Das illegale Gewerbe der Prostitution wird von der Polizei kontrolliert. Einige Polizisten sind aber doch eher Nutznießer. Genau wie viele Hotelangestellte drücken sie oft ein Auge zu – gegen Bezahlung oder eine Gegenleistung.

Oben | Beatriz und ihre Freunde meinen, ein großer Teil der Touristen komme schon mit dem Vorsatz, Sex zu haben, nach Kuba. Schließlich wolle doch jede(r) einmal einen echten kubanischen Rum getrunken, eine kubanische Zigarre geraucht und eine kubanische Frau oder einen kubanischen Mann gehabt haben.

und seien alleinerziehende Mütter. Die Prostitution erscheine ihnen als einzige Möglichkeit, in kurzer Zeit Geld zu verdienen. Der Großteil der jungen Frauen sei in der Hoffnung auf eine legale Arbeit im Tourismus in die Stadt gekommen, die Ernüchterung allerdings habe nicht lang auf sich warten lassen.

Die Polizei stelle ihnen oft Fallen, indem die Polizisten, als Touristen verkleidet, in Leihwagen den Malecón auf und ab führen und vorgäben, Ausschau nach einem Liebesabenteuer zu halten. Steige dann ein Mädchen oder ein Junge zu ihnen ins Auto, gehe es direkt zur Polizeistation. Dann drohten ein bis fünfzehn Jahre Haft, je nachdem, wie oft die- oder derjenige schon erwischt worden sei.

Beatriz und ihre Freunde glaubten, die meisten Touristen auf Kuba seien auch auf Sex aus. Jeder wolle doch einmal kubanischen Rum getrunken, eine kubanische Zigarre geraucht und eine kubanische Frau gehabt haben.

Für kubanische Verhältnisse sei der Verdienst in diesem Gewerbe sehr gut, und obwohl sie für ihr Zimmer in einem Mietshaus 60 US-Dollar im Monat bezahle (etwa das Vierfache eines staatlichen Gehalts), außerdem weitere fünf Dollar pro Freier, könne sie einiges nach Hause zu ihrer Familie schicken, die keine Fragen stelle.

Als ich Beatriz fragte, ob sie einen Zuhälter habe, antwortete sie bedauernd, nein, sie arbeite allein. Manche hätten Glück und ein männliches Familienmitglied oder gar der Ehemann spiele den *patron*. Das sei eine gute Sache, denn es bedeute Schutz auf der Straße.

Oft ist den Touristen gar nicht bewusst, dass sie sich mit Prostituierten einlassen, da sich die Mädchen und Jungen häufig in »Naturalien« wie schicker Kleidung und anderen Luxusgütern bezahlen lassen. Dem Wesen nach handelt es sich dennoch um illegale Prostitution, die vor allem für den kubanischen Teil einer solchen Urlaubsliaison ein schwerwiegendes Nachspiel haben kann.

Beatriz träumte davon, eines Tages von einem »Prinzen« ins Ausland mitgenommen zu werden, wo sie dann Geld verdienen könne, und sei es auch nur als Putzfrau. Versprochen werde ihnen so etwas häufiger, am Ende seien die meisten Prinzen aber eben doch nur Frösche. Ihrer Freundin Aylin sei der Absprung einmal fast geglückt. Ein Mexikaner habe sie heiraten wollen. Doch dann habe ein anderes Mädchen Aylin bei dem Mexikaner angeschwärzt, und als der erfahren habe, dass Aylin auch anderen Männern zu Diensten war, sei er auf Nimmerwiedersehen verschwunden.

Ich bezweifle übrigens nicht, dass es Hochzeiten zwischen Kubanerinnen/Kubanern und Ausländerinnen/Ausländern auf der Basis wahrer Liebe gibt. Beispiele findet man auch in Deutschland reichlich. Dennoch würde ich mir wünschen, dass die Menschen sich verantwortungsvoll genug erweisen, um ihre Libido auf legale Weise zu befriedigen. Das Risiko, ein Kind ohne Mutter oder Vater aufwachsen zu lassen, weil ein Elternteil wegen illegaler Prostitution jahrelange Haftstrafen verbüßt, erscheint mir deutlich zu hoch.

Schon mein Interview mit Beatriz war für sie nicht ungefährlich, erweckte es doch nach außen den Anschein eines typischen Anbahnungsgesprächs, außerdem bezahlte ich ihr den Verdienstausfall. Während wir die Fotos machten, kam dann tatsächlich ein Polizist auf uns zu. Beatriz ging ihm entgegen, um mit ihm zu sprechen. Das Herz schlug mir bis zum Hals. Hatte ich Beatriz nun wegen eines albernen Interviews in Gefahr gebracht? Als sie zurückkam und meine Beunruhigung bemerkte, erklärte sie mir gelassen: »Keine Sorge, Bruno. Das ist einer der Polizisten, die hier täglich patrouillieren, den kenne ich. Der drückt beide Augen zu – und nimmt dafür gern einmal meine Dienste in Anspruch…«

Oben | Ein Bilderbuchmacho: Armando de Jesus Valdez-Fernandez kann es trotz offen beklagter Potenzprobleme nicht lassen, den Frauen und Mädchen hinterherzugaffen.

Rechts | Armando war Gynäkologe und hat auch in Angola gearbeitet. Er behauptete zwar, Englisch zu sprechen, dabei handelte es sich aber eher um eine Mischung aus Englisch, Französisch und Italienisch. Er sei eben international, meinte er dazu.

ARMANDO, 78 JAHRE: MACHO UND VATER

Dass auch dem kubanischen Macho allerlei Liebenswertes anhaftet, lehrte mich 2015 der 78-jährige ehemalige Gynäkologe Armando de Jesus Valdez-Fernandez aus Nueva Gerona auf der Isla de la Juventud, einer kleinen, der Hauptinsel vorgelagerten Insel. In dem verschlafenen Städtchen wird man als Tourist nur selten angesprochen oder gar belästigt.

Armando, der alte Gynäkologe, gehörte zu den wenigen Bewohnern seines Städtchens, die von meinem Besuch finanziell profitieren wollten. Nachdem er mich zweimal erfolgreich um etwas Geld angeschnorrt hatte, fragte er mich, wie lang ich noch auf der Insel bleiben würde. Etwa drei Tage, gab ich zur Antwort, worauf er kurz nachdachte und dann feststellte: »Dann sehen wir uns ja vielleicht gar nicht mehr! Also, dann gib mir doch gleich noch etwas, damit ich mir ein Eis kaufen kann.«

So kamen wir ins Gespräch. Er erzählte von seinem Beruf und dass er in Angola und verschiedenen lateinamerikanischen Ländern als Arzt im Einsatz gewesen sei. Aber nun sei er alt und das da (dabei deutete er auf seinen Schritt) sei nur noch zum Urinieren zu gebrauchen. Das hinderte ihn allerdings nicht daran, während unserer Unterhaltung am Straßenrand allen Mädchen und Frauen aufmerksam hinterherzusehen und den jeweiligen Anblick zu kommentieren. Ob ich auch ein Hühnchen hier hätte, fragte er. Als ich ihm erklärte, dass ich in Deutschland Frau und Kinder habe, schüttelte er nur verständnislos den Kopf: »Na und? Ein Mann kann doch auch mehrere …« Ich betonte, treu zu sein, worauf er feststellte, dass es so etwas auf Kuba nicht gebe. Ich könne ihm gern eine deutsche Frau schicken, schlug er vor, er spreche ja Englisch. Dann plauderte er in einer wilden Mischung aus Englisch, Französisch und Italienisch drauflos. Auf meine Anmerkung, dass es sich dabei aber um eine Mixtur mehrerer Sprachen handle, erklärte Armando selbstbewusst: »Na und? Ich bin eben international!« Ob ich gelegentlich japanische Filme ansähe? Der XY sehe ja wohl genauso aus wie ich, vor allem die Haare. »Ich sehe mir alles

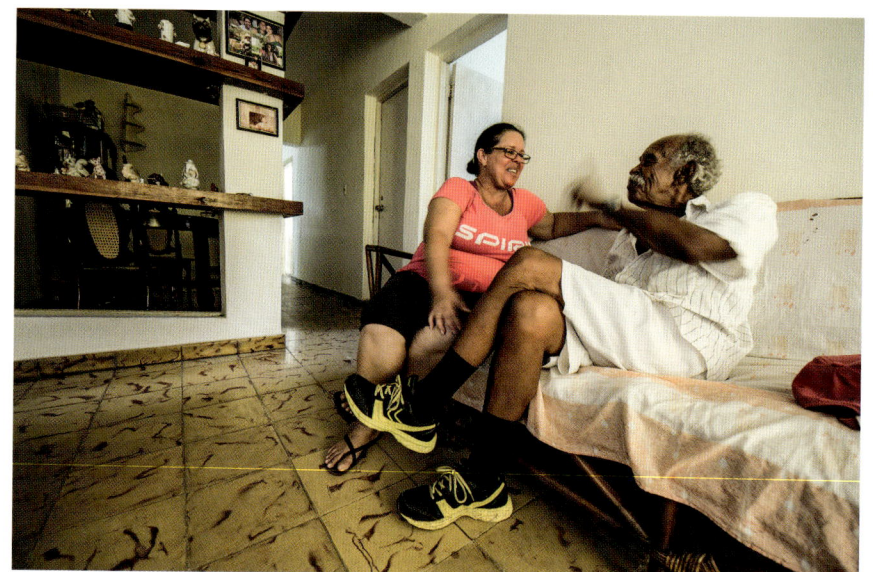
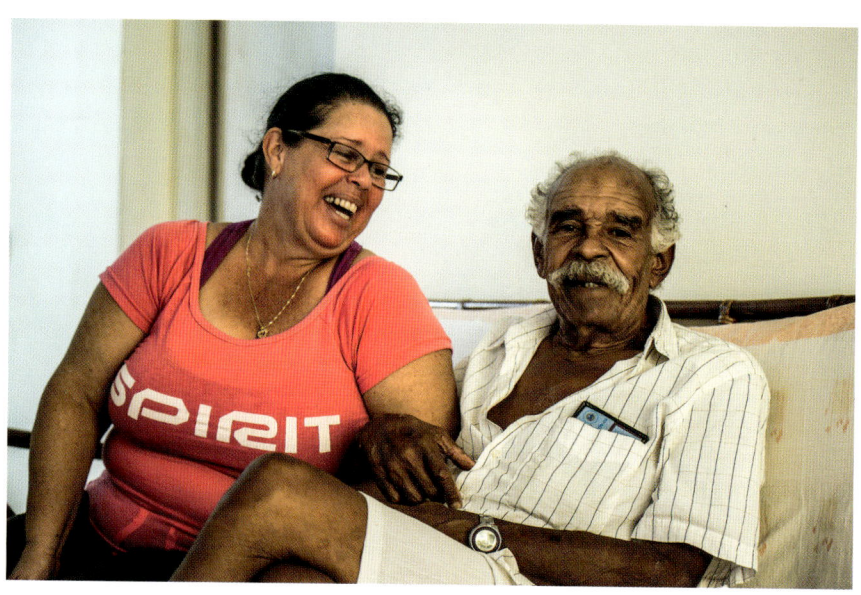

an«, sagte er, »bis hin zum Porno. Das ist zwar illegal hier auf Kuba, aber es gibt mir Kraft. Von Viagra halte ich allerdings gar nichts. Ich hab mal 'ne halbe probiert und mein Herz ging bumm, bumm, bumm. Ich musste zum Doktor!« Alte Frauen möge er nicht so gern, sondern die mit »abstehenden Brüstchen, auch wenn sie klein sind«. Er selbst sehe ja auch noch sehr jung aus.

Ich zeigte ihm die Bilder, die ich von ihm gemacht hatte. Bei manchen, vor allem bei denen aus größerer Distanz, rief er aus: »Ach, wie ein junger Held!«, um bei den Nahaufnahmen einzuräumen: »Aber es ist eben doch nur ein alter.« »Aber ein sehr interessanter alter«, ergänzte ich bei einem Bild. »Ja, zum Anbeißen!« (»Si, para comer!«), stimmte er sofort zu und zeigte wieder sein fast zahnloses Lachen. Bald lasse er sich die Zähne machen. Aber nicht solche zum Rausnehmen und ins Glas legen, das sei unhygienisch. Er lasse sich welche implantieren.

Wir gingen ein Stück zusammen. Nach einer Weile kündigte er an, in einem Restaurant auf die Toilette zu gehen. Aber das Restaurant hatte geschlossen. Dann müsse er eben in den Park pinkeln. Er sei alt, ihn sperre man nicht mehr ein. Aber eigentlich sei er ein ganz feiner Mensch und sehr kultiviert erzogen worden. Er zeigte mir seine Hände mit den Worten: »Sieh doch nur, wie fein die sind.« Als wir uns schließlich verabschiedeten, gab er mir die Adresse des Hauses, in dem er mit seiner Tochter wohnte. Ich solle ihn unbedingt besuchen. Seine Tochter sei eine sehr gebildete Frau, etwas dick, aber mit einem schönen Gesicht. Sie spreche fließend Englisch und freue sich bestimmt über Besuch.

Am folgenden Tag besuchte ich Armando tatsächlich zu Hause. Seine Tochter Margarita öffnete mir, sie schien bereits vorgewarnt. Armando kam ins Zimmer geschlurft. Margarita fragte mich, ob ich einen Kaffe trinken wolle. »Aber nur, wenn du ihn nicht extra kochen musst!«, war meine Antwort. »Natürlich koche ich ihn jetzt extra! Wenn ich zu dir nach Deutschland komme, kochst du mir doch hoffentlich auch frischen Kaffee, oder?« Während Margarita also in der Küche Kaffee kochte, setzte Armando seine verschmitzte, komische Darbietung vom Vortag, zum Beispiel unter Nutzung meiner Sonnenbrille als Requisite, fort und gab den Clown. Als allerdings seine Tochter den Raum wieder betrat, änderten sich sein Verhalten und sein Gesichtsausdruck. Der selbstbewusste Macho schien zum personifizierten schlechten Gewissen zu mutieren. Im Gegensatz zu Armando sprach seine Tochter wirklich fließend Englisch und

Links | Als Margarita noch ein kleines Mädchen war, verließ ihr Vater Armando sie und ihre Mutter und zog zu einer anderen Frau nach Havanna. Erst im Alter kehrte er zu seiner Tochter zurück. »Man kann diesem Schlitzohr einfach nicht böse sein!«, findet Margarita.

Rechts | Als »jubilado«, als Ruheständler, lungerte Armando den Großteil des Tages in der Fußgängerzone von Nueva Gerona, der Hauptstadt der Isla de la Juventud, herum. Auch dieser Besuch eines freikirchlichen Gottesdienstes schien eher Zeitvertreib zu sein als die Abkehr von einem sündhaften Leben.

Folgende Seite | Geht man auf Kuba durch die Straßen, hat man immer das Gefühl, den Kubanern mitten durch ihr Wohnzimmer zu laufen. Das Leben spielt sich hauptsächlich draußen ab. Selbst im dichten Straßenverkehr werden lautstark Klatsch und Tratsch ausgetauscht.

wählte ganz bewusst diese Sprache, um mir von den »Heldentaten« ihres Vater zu erzählen. Er habe sie und ihre mittlerweile verstorbene Mutter sitzen lassen, als sie noch ein kleines Mädchen gewesen sei. Mit einer anderen Frau sei er nach Havanna durchgebrannt. Erst jetzt, im Alter, sei er wieder auf die Isla de la Juventud zurückgekehrt und habe plötzlich vor ihrer Tür gestanden. Unter der Bedingung, dass er keinen Alkohol mehr trinke – früher habe er stark getrunken –, habe sie ihn aufgenommen.

Armando schien dieses Gebot seiner Tochter sehr ernst zu nehmen. Von dem Geld, dass ich ihm zusteckte, kaufte er sich jedes Mal beglückt eine Kugel Eis, niemals Alkohol. Auch fehlte bei ihm die bei vielen männlichen Kubanern häufig leider schon morgens wahrzunehmende Rumfahne.

Lange Jahre ihres Lebens habe sie Groll auf ihren Vater gehegt, fuhr Margarita fort, aber als er dann plötzlich wieder vor ihr gestanden habe, sei der wie verflogen gewesen. »Man kann diesem Schlitzohr einfach nicht böse sein!«, erklärte sie und nahm ihren Vater in den Arm. Die beiden kicherten und zwickten sich gegenseitig in die Seiten.

Während Margarita gesprochen hatte, hatte Armando nur mit reuigem Hundeblick dagesessen und von Zeit zu Zeit entschuldigend mit den Schultern gezuckt. Offenbar hatte er einen Teil dessen, was sie mir da auf Englisch erzählte, wirklich verstanden. Als ich ihr jedoch von seiner Behauptung, Englisch zu sprechen, berichtete, lachte sie nur: »Na ja, er versteht ein wenig, kann es aber kaum sprechen!« Was er mir noch so alles erzählt habe, wollte sie wissen. Dass er Gynäkologe und unter anderem in Angola gewesen sei, antwortete ich. »Ja, das stimmt«, bestätigte sie. »Er ist gar nicht so dumm, wie er aussieht!«, neckte sie ihn auf Spanisch, und wieder fingen beide an, sich zu zwicken und zu kitzeln.

Ich hatte vollstes Verständnis für diese Tochter: So abstoßend ich sein Macho-Gebaren an sich auch fand, konnte ich es Armando einfach nicht übel nehmen. Einer der Gründe dafür war sicher, dass er sich selbst nicht ganz ernst nahm und aus vollem Hals über sich selbst lachen konnte. An diesem Original war wirklich ein guter Komiker verloren gegangen. Obwohl: Im Kleinen war er das ja. Gemeinsam haben wir Tränen gelacht.

Später erzählte mir Margarita, dass ihre Großmutter mütterlicherseits Engländerin gewesen sei und immer Englisch mit ihr gesprochen habe. Aus diesem Grund hätte sie schon zu Zeiten, als das für Kubaner nicht ohne Weiteres möglich war, nach England auswandern können. Bewusst hatte sie sich dagegen entschieden. Zwar habe natürlich auch sie viel von den kapitalistischen Errungenschaften, dem viel beschworenen *desarollo* (»Entwicklung, Fortschritt«) gehört, aber auch mindestens ebenso viel von der Lebensrealität vieler Kubaner im Ausland. Für Kubaner sei es dort nämlich nicht nur vom Klima her kalt, sondern vor allem auch in Bezug auf die Menschlichkeit.

Das habe ich schon von vielen Kubanern gehört: Solidarität gehört auf Kuba zu den Grundwerten der Gesellschaft. Das wenige, das man hat, wird ganz selbstverständlich mit jedem geteilt, der es nötig hat. Eine solche Haltung gehört in vielen Teilen der westlichen Welt nicht gerade zum Alltag.

Meine intensiveren Begegnungen mit kubanischen Frauen haben meinen Respekt über die Jahre kontinuierlich wachsen lassen. Sie sind es, die das geheiligte Prinzip der kubanischen Solidarität mit Leben füllen und über die abstrakte Idee hinaus täglich in die Tat umsetzen.

KAPITEL 4

WO SCHALL IST, IST AUCH RAUCH

KAPITEL 4 | Wo Schall ist, ist auch Rauch

SON: DIE MUSIK DES »BUENA VISTA SOCIAL CLUB«

Son ist die Musik, die bei uns Mitte der 1990er-Jahre durch den Film »Buena Vista Social Club« bekannt wurde. Als Musikrichtung ist der Son natürlich schon sehr viel älter. Ich kann mich noch erinnern, dass ich diese Musik, als ich sie zum ersten Mal hörte, als sehr gewöhnungsbedürftig und sogar als etwas kühl empfand. Damals hatte ich aber auch noch keine Ahnung von Kuba.

Auf der Suche nach authentischer kubanischer Musik wollte ich 2005 eigentlich einen großen Bogen um diese Art von Musik machen – zu klischeehaft, zu abgedroschen erschien sie mir. Doch wie so oft kam es anders als geplant …

Martin, der Tontechniker, hatte bereits nach zwei Wochen die Nase voll von Reis mit Bohnen und Bohnen mit Reis. In Viñales kündigte er schließlich an, er werde in dem Touristenrestaurant essen, das sein Reiseführer anpries. Der Preis spiele keine Rolle, Hauptsache, es gebe keinen Reis und keine Bohnen. Ich warf meine Dünkel über Bord und begleitete ihn. Wie in fast allen Restaurants dieser Art spielte auch dort eine Musikgruppe. Ich hoffte nur inständig, dass die Musiker nicht zu uns an den Tisch kommen würden, um uns mit einer lieblos gespielten Schnulze willkommen zu heißen.

Das Essen schmeckte gut, obwohl wir doch wieder Reis aßen, wenn auch ohne Bohnen. Die Musiker hielten sich dezent im Hintergrund, aber wider Erwarten bekamen Martin und ich immer größere Ohren. »Die sind eigentlich gar nicht schlecht, oder?«, grinste Martin mich an. »Nein, die sind sogar gut!«, bestätigte ich. Irgendwann ließen wir uns ganz offen anmerken, dass uns die Musik gefiel. Als die Musiker merkten, dass sich da zwei *yumas* (»Ausländer«) für ihre Musik interessierten, spielten sie zu unserer Belustigung eine wunderbare Instrumentalversion des *Eagles*-Klassikers »Hotel California«, die Kuba und Kalifornien auf bemerkenswerte Art musikalisch vereinte. Wir kamen ins Gespräch und Domingo, der Kopf der Gruppe, sprach von ihrer Leidenschaft für den Son. Er hatte Musik studiert und war eigentlich

Links | 2005 lernte ich die Band *Guacachason* aus Viñales kennen. Seit über 20 Jahren machen die Vollblutmusiker nun schon zusammen Son-Musik vom Feinsten. Unser gemeinsamer Traum von einer Konzerttournee durch Deutschland wird hoffentlich bald in Erfüllung gehen.

Unten | Nicht nur in Viñales, sondern auch an vielen anderen Orten Kubas, wie hier in Trinidad, schießen private Restaurants wie Pilze aus dem Boden. Auch die Mitarbeiter sind »cuentapropistas«, Selbstständige.

KAPITEL 4 | Wo Schall ist, ist auch Rauch

Professor, sang inzwischen aber für Touristen in der *Casa Don Tomas*. »Die Vorläufer des Son haben haitianische Einwanderer nach Kuba, genauer nach Santiago gebracht. Eigentlich ist der Son auch durch die französischen Kolonialherren Haitis beeinflusst, er stellt eine Art musikalische Verbrüderung aus den Musikstilen der Weißen und der Schwarzen dar. Die ganze Welt will heute Son spielen, aber einige Spielarten werden nur hier auf Kuba richtig beherrscht. Es scheint, als können wir Kubaner zwar jegliche Art von Musik perfekt imitieren: sei es klassische Musik, Flamenco oder Jazz. Ausländer hingegen können nur ganz selten perfekten Son spielen.«

Für den nächsten Tag verabredeten wir uns, um ein paar Musikaufnahmen von *Guacachason*, wie sich die Gruppe nannte, zu machen. Pünktlich waren alle in der *Casa de la Cultura* von Viñales versammelt. Doch einen ruhigen Ort für die Aufnahme zu finden, erwies sich als schwierig. Schließlich überließ uns eine Angestellte des Hauses ihr Büro mit der Bemerkung: »Hier gibt es doch sowieso nichts zu tun!« Fenster und Türen mussten wir aufgrund des Lärms von draußen geschlossen halten. Und als Beleuchtung fanden wir nur eine schwache Glühbirne. Im Halbdunkel auf dem Boden sitzend, ging mir dann aber einfach nur das Herz auf, als ich der Musik von *Guacachason* lauschte. Zwischen den Aufnahmen hörte ich allerdings immer wieder lautes Schimpfen – meistens auf Arturo, den Tres-Spieler. Beim ersten Mal fragte ich: »Was ist los? Sollen wir die Aufnahme noch mal machen?« »Ach nein. Es ist nur so, dass Arturo immer improvisiert und sich nie an Absprachen hält. Kaum hat er ein Glas Rum getrunken, fängt er an zu improvisieren. Aber es war ja nicht falsch gespielt«, erklärte Domingo. Vor ein paar Jahren ist Arturo leider an Speiseröhrenkrebs verstorben. Das war menschlich wie musikalisch ein herber Schlag für die Band, die seit über 20 Jahren zusammen musizierte. Nicht lange nach unserer ersten Begegnung 2005 spannen wir den Plan, eines Tages eine Konzerttournee durch Deutschland zu machen. Und da man seine Träume nicht aus den Augen verlieren sollte, werden wir dieses Projekt wohl auch bald angehen!

Links | 2005 machten wir die ersten Tonaufnahmen mit der Band. Mit dem Verkauf der daraus entstandenen CD an Touristen bestritten die Mitglieder in der Folge einen großen Teil ihres Einkommens. 2017 machten wir erneut Musik- und Filmaufnahmen mit ihnen – harte Arbeit mit gelegentlichen Ruhepausen für »el jefe« Domingo (unten).

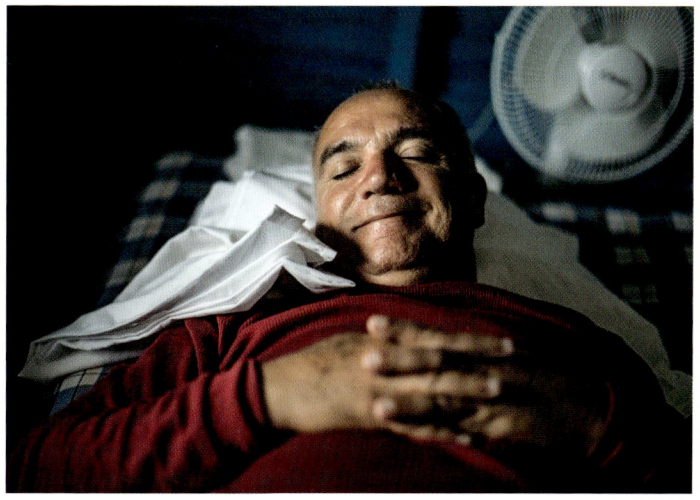

Oben | Das Restaurant *Giroud* in Trinidad wurde nach einem französischen Fußballspieler, einem Verwandten der Betreiberin, benannt und lockt mit feinen Speisen und modern-rustikalem Ambiente viele Besucher aus der ganzen Welt an.

Rechts | Im *Paladar Sol y Son* steht eine komplette Schlafzimmereinrichtung in einem der Speiseräume. Der Begriff »paladar« wurde den auf Kuba beliebten brasilianischen Telenovelas entlehnt und bezeichnet solche privaten Kleinrestaurants.

PALADARES: DIE WOHNZIMMERRESTAURANTS KUBAS

Wie überall auf Kuba schießen seit 2010 auch in Viñales die *paladares* wie Pilze aus dem Boden. Seither dürfen nämlich alle Kubaner ganz legal diese privaten »Wohnzimmerrestaurants« eröffnen. Gegeben hat es sie auch früher schon, damals aber illegal. Hinter vorgehaltener Hand wurden seinerzeit die Besuche dort Touristen angeboten, Interessierte wurden über viele Umwege in das versteckte Zimmer oder auf den Hinterhofbalkon geführt. Offenbar schmecken verbotene (Meeres-)Früchte wie Langusten besonders gut.

Die staatlichen Restaurants hingegen sind nur in den seltensten Fällen für Touristen gedacht. Ausgehungert besuchten wir einmal eine staatliche Pizzeria. Weniger als ein Drittel der Tische war besetzt und das Personal lehnte gelangweilt an den Wänden. Über die vielen Menschen, die vor der Pizzeria standen und durch die Fenster hineinspähten, dachten wir nicht weiter nach, sondern betraten kurz entschlossen das Lokal und setzten uns an einen Tisch.

Es dauerte nicht lange, bis ein unfreundlicher Kellner zu uns an den Tisch kam und meinte: »Ihr müsst draußen warten, bis etwas frei wird!« »Wie, draußen warten?«, fragten wir verwirrt. »Na, hinten anstellen, die da draußen warten alle auf einen Platz!« Erst da wurde uns klar: Man musste draußen vor dem Restaurant Schlange stehen, bis einer der wenigen besetzten Tische abkassiert wurde und die Kellner die Nächsten hereinwinkten. Als wir die anderen Wartenden fragten, warum denn nur so wenige Tische besetzt würden, obwohl doch reichlich Platz und Personal zur Verfügung stehe, erklärte man uns: »Weil sonst der Teig ausgeht. Der muss bis zum Abend reichen, sonst hat das Personal keine Arbeit mehr.« Pizzateig ist also auch zeitlich dehnbar … In einer solchen Servicewüste verwundert es nicht, dass die neuen, kundenorientierten Privatgastronomen so erfolgreich sind.

Für meine Freunde von *Guacachason* wurde es durch die vielen *paladares* schwieriger, von ihrer Musik zu leben. Sie spielen im staatlichen Touristenrestaurant *Casa Don Tomas*. Die private Konkurrenz entzog dem staatlichen Lokal Kundschaft. Die Band erhält zwar einen staatlichen Lohn für ihre Musik, aber der ist kaum der Rede wert. Hauptsächlich leben sie vom Verkauf ihrer CDs an die Touristen. Domingo meinte: »Durch den Tourismus gibt es immer

Oben | Der Beschützer des Hauses: Trotz des alltäglichen Touristenstroms nehmen manche Bewohner von Viñales noch Kontakt mit uns Fremden auf. Das Interesse dieser Mutter galt allerdings weniger mir als vielmehr dem Leben meiner Töchter in Deutschland.

mehr Einnahmemöglichkeiten für uns Kubaner. Im Gegenzug ist durch diesen Tourismus das Leben aber auch viel teurer geworden. Es ist zu einer Preissteigerung in fast allen Bereichen gekommen. Auch Lebensmittel müssen von uns oft für CUC gekauft werden. Ich brauche bis zu 300 Dollar im Monat, und das ist fast das Zwanzigfache dessen, was ich vom Staat bekomme. Aber ich verdiene mein Geld ja auch durch den Tourismus. Schwierig ist es vor allem für diejenigen, die ihr Geld nicht im Tourismus verdienen, die Preissteigerungen aber trotzdem mittragen müssen!«

DIE SCHERE ZWISCHEN ARM UND REICH

Auch auf Kuba klafft also die Armutsschere immer weiter auseinander: neureiche, mit Goldkettchen behängte Kubaner, die, am liebsten von mehreren Frauen begleitet, im teuren *paladar* sitzen, stehen zerlumpten Flaschensammlern, die mit den staatlichen Zuwendungen nicht über die

Runden kommen, gegenüber. Mit den vielen Veränderungen ist auch der Neid auf Kuba eingezogen, etwas, das es im kubanischen Sozialismus in dieser Form nicht gab, als jeder noch mehr oder weniger gleich viel – oder gleich wenig – hatte. Heutzutage wird dort, wie bei uns, als Mangel empfunden, wenn der Nachbar einen schöneren Flachbildfernseher oder ein moderneres Smartphone besitzt. Außerdem ist die Diebstahlrate unter Kubanern in den letzten Jahren wohl spürbar angestiegen – ursprünglich ein absolutes Tabu! –, daher schließen mittlerweile immer mehr Kubaner ihre Haustüren ab.

Folgende Seite | In Handarbeit wird der hochwertige kubanische Tabak in Viñales kultiviert und geerntet. Aber nicht alle Blätter werden zu teuren kubanischen Exportzigarren. Dieser Tabakbauer erzählte mir, aus diesen würden Zigaretten fürs Volk hergestellt.

DAS VIÑALES-TAL UND SEINE BEWOHNER

Das Viñales-Tal ist einerseits durch den Anbau des Tabaks für die teuren kubanischen Zigarren bekannt, andererseits aber auch durch seine einzigartige Landschaft mit ihren *mogotes*, durch Erosion entstandenen Elefantenhügeln. In Viñales arbeiten die Tabakbauern oft noch mit Ochsen, um die Felder zu pflügen, da Ochsen den eisenhaltigen, roten Boden nicht so stark verdichten wie schwere Maschinen und Traktoren, und lockere Erde ist für den Anbau des hochwertigen Tabaks sehr wichtig. Aber auch anderorts auf Kuba werden die Felder häufig mithilfe von Zugtieren bestellt, wenn dort auch eher mangels Maschinen oder Treibstoff.

Ich bewundere die Bewohner von Viñales für den unglaublichen Spagat, den sie in ihrem Alltag bewältigen. Die traditionelle, überaus mühsame Arbeit auf den Tabakfeldern – meistens für den Staat – steht in ständiger Konfrontation zu Massen von Touristen aus der ganzen Welt, die hier die Straßen beherrschen. In Gruppen werden die Schaulustigen über die Tabakfelder geführt: zu einem Bauern, der zehnmal am Tag vorführt, wie man eine Zigarre rollt, in verschiedene Höhlen rund um das Dorf sowie zur »prähistorischen Mauer«, einem bunten Gemälde jüngerer Zeit auf einer Felswand. Immerhin fällt bei alledem der eine oder andere CUC als Trinkgeld oder durch den Verkauf frischer Früchte an die Besucher ab. Bemerkenswert ist hierbei die Fingerfertigkeit der *campesinos* im Umgang mit der Machete: Mit wenigen gezielten Schlägen und ohne sich einen Finger zu amputieren, öffnen sie eine Kokosnuss so, dass der Gast bequem das klare Wasser trinken kann, ohne sich zu bekleckern.

KAPITEL 5

CAMPESINOS ODER COWBOYS?

KAPITEL 5 | *Campesinos* oder Cowboys?

PRIVATER GEMÜSEANBAU LOHNT SICH

Vorherige Seite | Einen schönen und tausendfach fotografierten Blick auf das Tal von Viñales hat man vom Parkplatz des Hotels *Los Jazmines* etwas außerhalb des Ortes. Bei Sonnenaufgang war ich hier aber doch meist allein mit den ersten Hotelangestellten. Und einen guten Espresso gab es am Parkplatz auch.

Links | Diese Hände werfen das Lasso besser als die der Cowboys in den alten Wildwestfilmen. Die kubanischen »vaqueros« sind Meister ihres Fachs. Auch heute noch gibt es für sie viel Arbeit auf der Insel.

Unten | Im Tabakanbau werden die Felder mithilfe von Ochsen bearbeitet, da die Tiere den Boden nicht so stark verdichten, wie Traktoren und andere Maschinen das tun würden. Aber auch in anderen Bereichen kommen Tiere zum Einsatz, dort meist mangels Maschinen.

Wer auf eigene Faust per Anhalter, mit dem Leihauto oder – wie wir auf mehreren Reisen – mit dem Fahrrad übers kubanische Land reist, kommt automatisch häufig in Kontakt mit den einheimischen Landwirten. Auf den ersten Blick mögen diese zum Teil kauzigen Genossen wirken wie die Cowboys aus unseren Wildwestfantasien, letztendlich sind es aber Bauern wie überall auf der Welt. Sie haben die gleichen beruflichen Ziele, etwa eine satte Ernte, leistungsstarke Milchkühe oder stramme Ochsen. Und natürlich teilen sie die gleichen Sorgen mit ihren Kollegen aus anderen Teilen der Welt: zu viel Arbeit für zu wenig Erlös, Abhängigkeit von Subventionen bzw. der Unterstützung durch den Staat und unberechenbare, die Existenz bedrohende Risikofaktoren wie längere Trockenzeiten durch den Klimawandel.

Wie im Sozialismus üblich, gibt es auch auf Kuba die staatlich betriebenen, kolchoseartigen landwirtschaftlichen Großbetriebe, in denen nur noch mäßig effizient gewirtschaftet wird. Veraltete Maschinen, rostige Traktoren aus Sowjetzeiten und Überreste einer überholten Planwirtschaft drängen diese Betriebe immer mehr in Richtung Bedeutungslosigkeit. Dies gilt umso mehr, seit vor einigen Jahren auch den kubanischen Bauern privates Wirtschaften erlaubt wurde und sie die staatlichen Flächen pachten können. Die Pacht wird nicht in Geld, sondern in einem Teil des erwirtschafteten Ertrags bezahlt. Den anderen Teil des selbst angebauten Obsts und Gemüses jedoch vertreiben die Landwirte selbst, wahlweise direkt vor der eigenen Haustüre (was vor allem in den touristischen Gebieten für die Kubaner eine willkommene Einnahmequelle und für Touristen eine wunderbare Bereicherung des Nahrungsangebots darstellt) oder durch Händler aus der Stadt, die die Waren dann auf den sogenannten *agropecarios*, den Gemüsemärkten, weiterverkaufen. Mangos, Papayas (auf Kuba »fruta bomba« genannt), Guaven, Ananas, Kokosnüsse (mit einem Geschmack, der einen augenblicklich in tropische Träume versinken und den faden Geschmack der Früchte in unseren Supermarkt-

KAPITEL 5 | *Campesinos* oder Cowboys?

Rechts | Die Fleischverkäufer auf Kuba bieten vor allem Schweine-, Ziegen- und Schaffleisch sowie Geflügel an. Rindfleisch bekommt man bestenfalls illegal »unter dem Ladentisch«. Die tropische Hitze verleiht der ungekühlten Ware eine ganz eigene Geschmacksnote.

Unten | Die Händler aus der Stadt kaufen das Obst und Gemüse von den Bauern auf dem Land oder am Stadtrand, um es dann auf den »agropecarios«, den Gemüsemärkten, weiterzuverkaufen. Die verschiedensten Sorten von Wurzelgemüse machen einen Großteil des Angebots aus.

regalen vergessen lässt), aber auch Gemüse wie Tomaten, Gurken und vor allem Wurzelgemüse wie Yuca (Maniok), Malanga (Jamswurz) und Süßkartoffeln bilden den Löwenanteil des Angebots.

Mit der teilweisen Privatisierung des Marktes für landwirtschaftliche Produkte ist für die einst »armen« Bauern ein einträglicher Geschäftszweig entstanden. Qualität und Vielfalt von privat angebautem Obst und Gemüse sind höher als die der staatlich angebauten Produkte, und so läuft das Geschäft sehr gut. Mir wurde erzählt, dass viele Landwirte neben ihrem Ochsen künftig noch einen Pick-up-Jeep auf dem Hof stehen haben werden. Dass der Umbruch in Kuba zunächst bei den Bauern ankommt, die für die Produktion der für das Leben grundlegenden Waren zuständig sind, ist nicht verwunderlich. Die große Herausforderung wird darin liegen, die zahlreichen Beschäftigten der staatlichen Großbetriebe, die kein eigenes Land besitzen, sinnvoll in die neue Situation zu integrieren. Wo es Gewinner gibt, gibt es leider meist noch mehr Verlierer.

MILCH UND RINDFLEISCH

Vor der kubanischen Revolution gab es viele Viehzüchter und Milchbauern auf der Insel. Deren Betriebe wurden verstaatlicht und viele der Rinder einfach aufgegessen. Mit Unterstützung der UdSSR wurde dann der Rinder- und Milchkuhbestand wieder aufgestockt. Rinder haben allerdings einen sehr hohen Futterbedarf, der nur durch das kubanische Gras nicht ausreichend gedeckt werden konnte. Soja, Mais und Getreide wurden zugefüttert. Nach dem Zusammenbruch der Sowjetunion fehlte vor allem das von dort importierte Getreide. Was in Kuba produziert wurde, reichte kaum für die Menschen. Auf Kuba wird der Großteil des verfügbaren Soja- und Getreidevorrats heute zur Ernährung der Bevölkerung benötigt. Die Haltung von Rindern ist Luxus, also gibt es auf Kuba nicht viele davon. Entsprechend ist Milch ein kostbares Gut und wird streng rationiert. Meist gibt es sie

Oben | Diese fünf Männer saßen teils bereits bis zu zehn Jahre wegen illegalen Schlachtens von Rindern im Gefängnis. Ihr letztes Jahr im Strafvollzug leisteten sie Arbeitsdienst auf einer Rinderfarm. Würden sie es wieder tun?

Rechts | Dieser Rinderschädel gibt Rätsel auf. Rinder zu schlachten, ist nur dem Staat erlaubt, und selbst ein verunglücktes Rind ist ein kleines Vermögen wert. Entsprechend finden bei Nacht und Nebel häufig illegale Schlachtungen statt.

nur in Pulverform über Lebensmittelmarken (*libretta*) für kleine Kinder, Schwangere, alte und kranke Menschen. Auf dem freien Markt sind Milch und Milchpulver sehr teuer. Noch krasser ist es beim Rindfleisch. Auch Bezugsscheine für Rindfleisch sind einem sehr eingeschränkten Personenkreis vorbehalten. Selbst in den teuren Dollarshops ist es nur selten erhältlich und wenn, kommt es angeblich teilweise aus den USA und ist von schlechter Qualität.

Rinder zu schlachten ist den kubanischen Bauern bei hoher Strafe verboten. Aber gerade dadurch gewinnt das Fleisch einen unangemessen hohen Status und der Schwarzmarkt damit blüht. Ein kubanischer Freund beklagte sich mir gegenüber einmal darüber: »Weißt du, Bruno, ihr Touristen habt mehr Rechte auf Kuba als wir Kubaner selbst. Ihr bekommt in euren Hotels zum Beispiel täglich Rindfleisch serviert, wir hingegen dürfen keines essen.« Auf meine Hinweise, dass doch auch Schweine, Schafe, Ziegen und Hühner hervorragendes Fleisch lieferten und man außerdem sogar ohne Fleisch gut leben könne, meinte er nur: »Du hast leicht reden! Meine Tochter isst ja nichts anderes als Rindfleisch.« Wie die meisten Kubaner, die darüber klagen, deckt also auch er sich regelmäßig auf dem Schwarzmarkt mit dem illegalen Rindfleisch ein.

Um den Schwarzmarkt mit Rindfleisch ranken sich die wildesten Geschichten. Eine übliche Praxis der Fleischbeschaffung sei folgende: Zu nächtlicher Stunde werde auf einem Feld ein tiefes Loch ausgehoben, in das man das zu schlachtende Rind hineinbefördere, schnellstens schlachte und zerlege. Unverwertbare Teile würden gleich in dem Loch zurückgelassen, dann werde es zugeschaufelt und am nächsten Morgen deute nichts mehr auf die nächtliche Schlachtaktion hin. Nur die Geier, die den Aasgeruch witterten und über der unsichtbaren Schlachtbank kreisten, seien verräterisch. Einst sei ein geschickter Schlachter auf frischer Tat ertappt und dann vor Gericht gestellt worden. Als die Anklage, er habe bei Nacht in einem Loch in einer Stunde ein Rind geschlachtet und zerlegt, verlesen wurde, soll er entrüstet eingeworfen haben: »Es war nur eine halbe Stunde, und in der Zeit habe ich drei Rinder geschlachtet!« Diese Aussage dürfte das Urteil zwar nicht gerade positiv beeinflusst haben, hat ihn aber auf jeden Fall zur Legende als Held der Schlachter gemacht!

JUAN-BAUTISTA UND DER KLIMAWANDEL

Auf einer meiner Fahrradreisen durch Kuba lernte ich den 75-jährigen Milchviehhalter Juan-Bautista kennen. Eigentlich wollte ich mich nur im Schatten einiger Bäume ausruhen, als ich hinter einem kleinen Haus zwei Männer entdeckte, die sich um eine völlig abgemagerte Kuh kümmerten. Juan-Bautista, der Besitzer der Kuh, hatte den Tierarzt gerufen, um das Tier durch eine Infusion vor dem Verhungern zu retten. Auch die anderen seiner zwanzig Kühe sahen nicht viel besser aus, statt, wie sonst, zwölf Litern gaben sie nur noch drei Liter Milch am Tag. Juan-Bautista erklärte, seit einigen Jahren mache sich auch auf Kuba der Klimawandel bemerkbar. Die Trockenzeiten würden immer länger, der kleine See hinter seinem Haus sei die einzige Wasserquelle weit und breit, weshalb zu dieser Zeit alle ihre Tiere hierhertreiben müssten und das Gras bis auf die Narbe abgefressen sei. Er lud mich in sein kleines Haus ein, wo er alleine lebte. Dort angekommen wusch er sich erst einmal sorgfältig die Hände und forderte auch mich dazu auf. Er könne schmutzige Hände nicht leiden, erklärte er. Die Seife, die es auf Bezugsschein, die *libretta*, gäbe, reiche nicht aus, weshalb er oft die gut riechende Seife aus dem Dollarshop für 0,45 CUC kaufe. Auch sein Haus versuche er immer möglichst sauber zu halten. Mit Frauen habe er kein Glück gehabt. Zwei hätten ihn schon verlassen: Das Leben auf dem Land sei ihnen zu hart gewesen. Ein großes Glück hingegen sei sein Neffe. Der sei bei ihm aufgewachsen, habe dann studiert und arbeite mittlerweile in Miami als Professor. Der schicke ihm oft Geld und besuche ihn auch regelmäßig mit seiner ebenfalls kubanischen Frau. Dieser Neffe schickte ihm auch regelmäßig teure italienische Hemden, die Juan-Bautista originalverpackt und un-

Links | Juan-Bautista hatte den Tierarzt zu sich gerufen, um seine Kuh vor dem Verhungern zu retten. Er berichtete, dass der Klimawandel auf Kuba zunehmend zu spüren sei, zum Beispiel in immer länger andauernden Trockenzeiten.

Unten | Von seinem Neffen aus Miami bekam Juan-Bautista ein Fernglas geschenkt. Auf seinem Führerschein zeigte er mir, wie gut er in jungen Jahren ausgesehen hatte.

Oben | Magere Weiden für magere Kühe. So mager die Rinder auf Kuba auch sein mögen, so begehrt sind sie doch. Immer wenn ich Kubanern Bilder vom Allgäuer Braunvieh zeigte, kam sofort die Frage: »Dürft ihr die auch essen?«

Unten | Was für die Landwirtssöhne bei uns der dicke Traktor samt zweiachsigem Ladewagen ist, sind für kubanische Bauernjungen das Pferd und die Kutsche: Arbeits-, Transport- und Fortbewegungsmittel sowie ganzer Stolz der Familie.

geöffnet im Schrank aufbewahrte. Zum Arbeiten, erklärte er, seien die doch viel zu schade, und was mache er schon anderes als arbeiten?

Dann führte er mir noch ein Geschenk seines Neffen vor, ein Fernglas. Eher unsicher fragte er: »Das ist doch gut, oder? Wenn man durchschaut, ist alles näher. Manche Leute brauchen so was!« Für ihn sei es allerdings nicht sonderlich hilfreich, denn wenn jemand komme, könne er doch auch einfach abwarten, bis der nahe genug herangekommen sei. Ich erzählte ihm, dass wir als Kinder Spaß daran hatten, verkehrt herum durch so ein Fernglas zu schauen, weil dadurch alles unglaublich weit weg erschien. Juan-Bautista probierte es sofort aus und konnte dieser Funktion mehr Reiz abgewinnen. »Das ist gut bei unerwünschtem Besuch, dann ist er noch weiter weg!«, meinte er lachend.

Er kramte seinen Ausweis und seinen Führerschein hervor, um mir zu zeigen, wie gut er in jungen Jahren ausgesehen hatte. Auf seinen Papieren konnte ich noch zwei weitere interessante Punkte feststellen: Erstens, dass sein Führerschein genauso alt war wie der Triumph der Kubanischen Revolution, und zum Zweiten, dass er am folgenden Tag seinen 76. Geburtstag feiern würde. Dafür hatte er sich extra eine Flasche teuren kubanischen Rum gekauft, die er nun doch schon mit mir öffnen wollte. Als ich höflich abwinkte, beteuerte er, wie sehr er sich darüber freue, mit einem wie mir, einem Ausländer, reden zu können. Zwar kämen häufiger Touristen mit ihren schönen Leihautos an seinem Haus vorbeigefahren, aber die seien doch sehr viel weißer als ich …

LANDWIRTSCHAFTLICHE ENTWICKLUNG MIT SYSTEM

Arbeit, und speziell die Arbeit auf den Feldern, gilt auf Kuba als »revolutionär«, also als Dienst an der Kubanischen Revolution, die – so der offizielle Standpunkt – nach wie vor andauert. Bilder von heldenhaft die Machete schwingenden Männern und Frauen auf Zuckerrohrfeldern sind allgegenwärtig. Die landwirtschaftliche Entwicklung war eine der wichtigen Aufgaben der Revolution. Selbst in abgelegenen Gebieten, wie zum Beispiel der Isla de la Juventud, wurden nach der Revolution zahlreiche Landwirtschaftsschulen errichtet. Diesem Umstand verdankt die »Insel der Jugend« auch ihren Namen: Nach 1959 wurden Tausende von jungen Menschen hier angesiedelt und ausgebildet, um auch auf der kleinen Nachbarinsel die landwirtschaftliche Entwicklung voranzutreiben.

Als ich mich der Isla de la Juventud zum ersten Mal aus der Luft mit einer Propellermaschine näherte, sah ich diese bizarren sozialistischen Betonkomplexe, die scheinbar willkürlich auf der ganzen Insel verteilt waren. Der Anblick ließ an Internierungslager denken. Als ich dann auf der Insel erfuhr, dass es sich dabei um ebendiese Landwirtschaftsschulen handelte, war ich doch sehr erleichtert.

Ich hatte schon viel von »la isla«, wie sie auf Kuba kurz genannt wird, gehört. Die Insulaner seien ein ganz eigenes Völkchen. Die Isla de la Juventud hatte schon viele Namen, zuletzt hieß sie Isla de Pinos, die Kieferninsel. Vom 16. bis ins 18. Jahrhundert diente sie vielen Piraten als Versteck und soll sogar Vorbild für die Schatzinsel in Robert Louis Stevensons gleichnamigem Roman gewesen sein. Tatsächlich scheint die Zeit auf »la isla« stehen geblieben zu sein. Es gibt kaum Tourismus, die Menschen hier wirken noch isolierter von der restlichen Welt, als es auf Kuba ohnehin schon der Fall ist. Aber die Insula-

ner sind auch ein wirklich entspanntes Volk, wie die Geschichte von Macho Armando aus Nueva Gerona weiter vorn veranschaulicht.

Eines der touristischen »Highlights« ist neben einem Naturschutzgebiet mit zahlreichen Tierarten und der Finca *El Abra*, in der Poet und Nationalheld José Martí einige Zeit verbrachte, auch das *Presidio Modelo*, ein Gefängnis, das nach dem Vorbild des Joliet-Gefängnisses im US-Bundesstaat Illinois erbaut wurde. Das Spezielle an dieser Haftanstalt ist, dass die Gefangenen in Rundbauten untergebracht sind. Die Zellen sind rund um einen geschlossenen Innenhof angeordnet. In der Mitte dieses Innenhofs steht ein hoher, nur durch ein Tunnelsystem zugänglicher Turm, von dem aus die Gefängniswärter direkt in die Zellen der Gefangenen sehen konnten. Die Insassen waren also rund um die Uhr unter Beobachtung.

Links | Das *Presidio Modelo* auf der Isla de la Juventud war einst ein hochmodernes Gefängnis. In der Krankenstation der Haftanstalt waren nach dem Angriff auf die *Moncada-Kaserne* am 26. Juli 1953 auch Fidel und Raúl Castro inhaftiert. Hier schrieb Fidel seine Verteidigungsrede und das politische Manifest »La historia me absolverá«.

Unten | Heute ist das einstige Gefängnis Museum und Nationaldenkmal. Ein Teil des ehemaligen Verwaltungstraktes wird als Schule genutzt, insgesamt wirkt das Gelände aber wie eine schaurige Geisterstadt.

KAPITEL 6
SPORTLICH BIS INS LETZTE ECK?

BASEBALL AUF DER ISLA DE LA JUVENTUD

Während andere Präsidenten den Golfschläger schwingend für die Kamera posierten, tat Fidel Castro dies mit der Baseballkeule in der Hand. Auch wenn neuerdings europäischer Fußball im Mittelpunkt des sportlichen Interesses steht und die Frisuren von Bundesligaspielern häufiger kopiert werden als die der Spieler der US-Major-League, ist Baseball nach wie vor Nationalsport Nummer eins auf Kuba. Bis in die entlegensten Winkel des Landes wird Baseball gespielt, ob mit richtigem Ball und Keule auf dem Spielfeld oder mit der Verschlusskappe einer Wasserflasche und einem Holzstock auf der Straße.

2015 durfte ich die heiße Phase der nationalen Baseballmeisterschaften auf der Isla de la Juventud erleben. Zur großen Freude der Insulaner hatten es ihre *Piratas* in die Finalrunde geschafft. Es gab fast kein anderes Thema mehr. Bereits als ich in Havanna auf dem Flughafen auf meinen Flug auf die Insel wartete, wurde eines der Finalspiele im Fernsehen übertragen. Gebannt starrten sämtliche Fluggäste auf den Bildschirm, trotz mehrerer Durchsagen machte keiner Anstalten, sich durch die Kontrolle und ins Flugzeug zu bewegen. Irgendwann kam eine Angestellte des Bodenpersonals in den Wartesaal und verkündete, dass es auch im Flugzeug einen Fernseher gebe. Wie eine Schulklasse sprangen daraufhin alle Passagiere gemeinsam auf und drängten sich durch die Pass- und Ticketkontrolle, um möglichst bald wieder vor dem Spiel zu sitzen.

Auf der *isla* machte ich eine kleine Bergtour in die Sierra Las Casas. Abends saß ich auf einem der Gipfel und blickte über Nueva Gerona, die Hauptstadt der Insel, die zu Füßen des kleinen Gebirges liegt. Zum diffusen Rauschen der Stadt gesellten sich nun noch die Stadiongeräusche eines Baseballspiels. Ich wurde nervös und befürchtete fast, verpasst zu haben, dass eines der Finalspiele an diesem Tag direkt in Nueva Gerona stattfand. Doch das Baseballstadion der Stadt lag friedlich und leer unter mir. Da wurde mir klar, dass die Stadionatmosphäre von den

Links | Dieses privat betriebene Fitnessstudio wird rege genutzt. Frauen machen Bauchweg-Gymnastik und Männer stählen ihre Körper. Die meisten Trimmgeräte sind selbst gebaut. Für ein wenig Luftzirkulation im feuchten Klima Kubas sorgt ein Ventilator.

Unten | Besonders stolz erschienen mir diese jungen Baseballspieler im Frühjahr 2015, spielten doch ihre *Piratas,* die Baseballmannschaft der Isla da la Juventud, in der Endrunde der nationalen Meisterschaften.

Tausenden Fernsehgeräten aus der Stadt zu mir heraufschallte. Besonders stolz und motiviert wirkten in dieser Zeit auch die jungen Baseballspieler, die ich beim Training auf der Isla de la Juventud beobachtete. Angespornt durch meine Kamera gestikulierten und spuckten sie wie die Alten. Ein jeder hoffte, einmal ein großer Baseballstar zu werden und dann vielleicht auch einmal den Erzrivalen Nummer eins, die USA, zu schlagen. Meines Wissens nach ist das noch nicht oft gelungen: einmal bei Olympischen Spielen und ein weiteres Mal. Für einen dieser Siege über ein US-amerikanisches Team gab es auch ein Preisgeld, das Fidel Castro dann großmütig den USA für die Hurrikanopfer von New Orleans spendete. Auch wenn die kubanischen Baseballmannschaft dadurch leer ausging, belustigte die Aktion das Volk doch sehr.

Links | Bei Nueva Gerona absolviert eine jugendliche Mannschaft eine Trainingseinheit im kubanischen Nationalsport Baseball. Die Trainer beteuerten, ein paar echte Rohdiamanten unter ihren Jungs zu haben.

RODEO AUF KUBA

Wie weiter oben bereits erwähnt, ist es auf Kuba kein nostalgisches Spiel, mit Cowboyhut, Lasso und Sporen an den Stiefeln herumzureiten, sondern einfach nur Teil der landwirtschaftlichen Arbeit. Das Rodeoreiten jedoch gehört auch auf Kuba eher in den Bereich des Sports. An einem Sonntagnachmittag 2002 radelten wir mit unserem Tandem durch die Provinz Las Tunas. Auf einer Wiese sahen wir viele Menschen, die sich auf einer Art Holztribüne versammelt hatten. Bei näherer Betrachtung stellten wir fest, dass dort ein Rodeo stattfand. Die Menschen waren in Feierlaune, der Rum floss in Strömen und laute Musik schepperte aus alten Lautsprechern. (Die eigentlichen Akteure eines Rodeos müssen während des Wettkampfs völlig nüchtern sein. Alkoholkontrollen gehören zum Standard.)

In der »Arena« ging es zunächst darum, einen Jungbullen möglichst schnell vom Pferd aus mit dem Lasso einzufangen, um ihn dann vom Boden aus in den Griff zu bekommen und ihm die Füße zu fesseln. Mit dem Bullen im Schwitzkasten mühten sich die Helden des Tages ab, man mochte sich gar nicht vorstellen, wie viele Blutergüsse der Bulle den Cowboys verpasste. Später galt es, sich möglichst lange auf dem Rücken eines Bullen oder eines jungen Hengstes zu halten. Die abgeworfenen Reiter wurden meist gleich von dem Bullen angegriffen und manchmal regelrecht durch die Luft geschleudert. Aber sofort waren Helfer zur Stelle, die das Tier mit ausgebreiteten Armen ablenk-

KAPITEL 6 | Sportlich bis ins letzte Eck?

ten. Ein stolzer Kutschenbesitzer lud uns ein, mit zu ihm nach Hause zu fahren und von dem am Spieß gegrillten Schwein mitzuessen, das es dort an diesem Abend noch geben sollte. Angesichts der allgemeinen Trunkenheit lehnten wir diese Einladung dann aber dankend ab, genau wie die Plastikflaschen billigen Rums, den wir in dieser Hitze beim besten Willen nicht vertragen hätten.

Auf meiner letzten Kubareise 2017 nahm ich die Einladung zweier Cowboys allerdings an. Angel und Luis Peña sind zwei der Helden, die den riskanten Rodeosport betreiben. Bereits im Alter von sechs Jahren hatten die beiden nichts anderes im Sinn, als im Pferdesattel das Lasso zu schwingen, erzählten sie mir bei einem Besuch auf ihrer Finca. Rodeo ist ihr Hobby, mehrmals haben beide schon an den nationalen Rodeo-Wettbewerben teilgenommen. Ihr eigentlicher Beruf jedoch ist die Arbeit mit Pferd und Lasso. Sie sind professionelle Cowboys, sogenannte *vaqueros*. Sie werden zu Hilfe gerufen, wenn ein Stier eingefangen werden soll. Sie riskieren Leib und Leben für einen staatlichen Lohn von nicht einmal zehn Euro im Monat, haben kaum einen Knochen im Leib, der noch nie gebrochen war, mehrere Narben im Bauch- und Brustbereich zeugen von Einstichen der Stierhörner. Der ganze Stolz der beiden sind ihre Pferde, die scheinbar nur als vierbeiniger Fortsatz des menschlichen Körpers fungieren. Diese Tiere wissen genau, welche Bewegung der Reiter von ihnen erwartet, zusammen bilden Mensch und Pferd eine unglaubliche Einheit.

Während ich sie am Abend bei der Arbeit begleitete, klingelte plötzlich Angels Handy. Ich musste lachen, das Bild wirkte einfach zu skurril. Nach dem Telefonat erklärte mir Angel: »Früher hatten wir nicht einmal einen Festnetzanschluss, jetzt sind wir sogar auf den Feldern erreichbar. Demnächst wollen wir uns Smartphones kaufen. Dann können wir unsere Position und die der einzufangenden Tiere per GPS an die Kollegen durchgeben.«

Auf mich wirkten Angel und Luis sehr zufrieden. Auch wenn sie mit ihrer Arbeit wohl nicht am neuen Wohlstand teilhaben werden, konnte ich die deprimierte Perspektivlosigkeit vieler anderer Geringverdiener auf Kuba bei ihnen nicht feststellen.

Links oben | »Chaparreras« werden die Lederhosen genannt, die die »vaqueros«, die kubanischen Cowboys, vor Verletzungen durch Dornen und Hörnern schützen sollen. Dem gezielten Stoß eines Stierhorns halten aber auch sie nicht stand, wovon die Narben an den Beinen der Rinderhirten zeugen.

Links unten | Kuh und Kalb werden ins Gatter getrieben. Das Kalb war verschwunden. Die Mutter hatte die ganze Nacht nach ihm geschrien, bis das Jungtier schließlich völlig entkräftet wieder auftauchte – sehr zur Freude von Mutter und »vaqueros«!

Unten | Dem Pferd die Sporen geben: Was brutal klingt und auch so aussieht, dient dem besseren Manövrieren in schwierigen Situationen. Die Sporen dürfen aber nur wohldosiert und nicht zu oft eingesetzt werden, sonst reagiert das Pferd nicht mehr darauf.

BOXEN

Zu weltweiter Bekanntheit haben es unter kubanischen Sportlern neben ein paar olympischen Leichtathleten auch die kubanischen Boxer gebracht. Sie konnten bereits mehrere Olympiasiege und Weltmeistertitel erringen. Auch dieser Sport erfreut sich großer Beliebtheit auf Kuba.

Auf einer Radtour von Baracoa nach Moa sah ich 2005 im Schatten unter Bäumen am Straßenrand einen jungen Boxer beim Sparring mit seinem Partner. Zunächst fuhr ich weiter, drehte dann aber doch um. Yorvis war ein sympathischer junger Mann. Er erzählte mir, dass er eine Sportschule mit Schwerpunkt Boxen besuche. Sein Partner fügte hinzu, Yorvis sei in seiner Alters- und Gewichtsklasse schon sehr erfolgreich und habe einige wichtige Siege zu verbuchen. Er übe zu Hause mit den bescheidenen Mitteln, die ihm zur Verfügung stünden, erklärte Yorvis fast verlegen. An der Brücke über den Fluss Duabe trainierte er mit einer Art Stemmstützen zum Muskelaufbau. Eigene Boxhandschuhe besaß er noch nicht. Für Wettkämpfe könne er sich diese von der Schule

KAPITEL 6 | Sportlich bis ins letzte Eck?

ausleihen, erklärte er mir. Ich musste an die vielen Boxhandschuhe denken, die meist nur zur Dekoration in deutschen Jugendzimmern herumhängen. Ein kleines Problem sei die Ernährung. Er wisse sehr wohl, dass Boxer im Ausland viel proteinreichere Nahrung zur Verfügung hätten als er in seinem Dorf. Reis mit Bohnen sei nicht die schlechteste, aber auf Dauer auch nicht unbedingt die beste Kost für einen Sportler, aber so sei das eben. Dann setzte Yorvis diszipliniert sein Training fort. Auch er wollte einmal ein weltbekannter Boxer werden und dann vielleicht die Welt kennenlernen. Ich drücke ihm fest die Daumen!

SCHULSPORT

Der Schulsport ist ein wichtiges Element im kubanischen Schulunterricht. Sich körperlich fit zu halten, gilt als Dienst an der Gesellschaft. Auch wenn diszipliniertes Training eher im Widerspruch zur kubanischen Gelassenheit steht, wird die körperliche Erziehung der Jugend sehr ernst genommen.

Eines Morgens spazierte ich in Havanna den Paseo De Martí, auch Prado genannt, eine der Flaniermeilen der Stadt, entlang. Der marmorgepflasterte Platz am unteren Ende des Prado war von turnenden Kindern in Schuluniform überflutet. Ich setzte mich auf eine Bank zu zwei älteren Damen und sah den Schülern zu. »Ja, ja, der Sport ist sehr wichtig hier in Kuba!«, bestätigten mir die beiden Damen. »Auch für uns Senioren gibt es spezielle Sportangebote!« Die Vorstellung von diesen beiden Damen beim Aerobic amüsierte mich. Warum der Schulsport hier, mitten auf dem Prado, stattfinde, fragte ich. »Die Schule ist gleich da hinten, und da ist kein Platz.«

Dem Platzmangel in der Altstadt Havannas ist es also zu verdanken, dass wir Touristen teilweise mitten durch den Sportunterricht der kleinen Kubaner flanieren dürfen. Ich freue mich an solchen Dingen auch deshalb, weil sie mir wieder beweisen, dass auch hier in der Altstadt eben nicht alles nur für uns Touristen passiert.

Vorherige Seite | Diese beiden »vaqueros« begannen bereits im zarten Alter von sechs Jahren damit, vom Pferd aus das Lasso zu werfen. Beide beherrschen auch sämtliche Disziplinen des Rodeos meisterlich, vom Bullenreiten über das Zureiten von Jungpferden bis hin zum Einfangen von Kälbern mit dem Lasso in Rekordzeit.

Links | Yorvis demonstriert seinem Sparringspartner, worauf er achten sollte. Yorvis' Linke hat schon so manchen das Fürchten gelehrt. Obwohl er noch keine eigenen Boxhandschuhe hat, ist er in seiner Gewichtsklasse schon sehr erfolgreich.

Unten | Für seinen großen Traum, eines Tages ein weltbekannter Boxer zu werden, übt Yorvis täglich mit den ihm zur Verfügung stehenden Mitteln. Von der Förderung des Sports durch den Staat profitiert sogar er an seinem entlegenen Wohnort.

KAPITEL 7
HASTA SIEMPRE, HEAVY METAL!

KAPITEL 7 | Hasta siempre, Heavy Metal!

KUBAS ERFOLGREICHSTE METAL-BAND: *TENDENCIA*

Eine der ersten Assoziationen, die wir hierzulande zu Kuba haben, ist neben Zigarren, Rum und alten Autos die Musik. Im Gegensatz zu unseren Vorstellungen hört das moderne Kuba aber nicht nur die traditionellen Lieder, sondern bewegt sich auch in musikalischer Hinsicht vorwärts. So hat auch auf Kuba der Rock seinen Zenit inzwischen überschritten und die Metal-Szene konzentriert sich auch dort auf die wirklich eingefleischten Fans.

Im Herbst 2013 bekam ich eine E-Mail von Matze, dem Bassisten der Rügener Trash-Rock-Band *COR*. Er schrieb, dass er mit seiner Band für Januar 2014 eine Konzerttournee durch Kuba zusammen mit der kubanischen Metal-Band *Tendencia* plane. Sofort bot ich ihm meine Dienste an und ging Anfang 2014 mit auf Tour. Erstmalig in der Geschichte Kubas tourte eine kubanische Rockband zusammen mit einer ausländischen durchs Land. Täglich wurden die Konzerte vor den Abendnachrichten im Fernsehen angekündigt.

Tendencia ist die bekannteste Metal-Band Kubas. Sie stammt aus Pinar del Río im Westen der Insel und rockt seit 1994 die Bühnen nicht nur Kubas, sondern auch anderer Länder. Zweimal war sie bereits auf Deutschlandtournee.

TENDENCIA-FRONTMAN KIKO: ABGEORDNETER DES PARLAMENTS

Kiko, der Bandleader, hat einen Platz im kubanischen Kulturministerium und pflegt einen deutlich höheren Lebensstandard als der Durchschnittskubaner. Ohne Frage genießen die Bandmitglieder einen privilegierten Status. Voll ehr-

Links | Kiko, der Gitarrist, Sänger und Bandleader der Band *Tendencia*, bei einem Open-Air-Auftritt. In über 20 Jahren hat er seine Band zu einer der bekanntesten der kubanischen Metal-Szene gemacht.

Unten | Kiko vermutet, von den Ureinwohnern Kubas abzustammen. Voller Begeisterung erzählt er von der Revolution und deren Errungenschaften. Neben der Band arbeitet er im kubanischen Kulturministerium.

licher Begeisterung erzählte mir Kiko von der Kubanischen Revolution und deren Errungenschaften und verteidigte mir gegenüber auch häufig den kubanischen Staat. Im Gegenzug erzählte ich ihm von meinen Freunden, den Rastafaris, von denen viele im Gefängnis saßen. Irgendwann kamen wir auch auf das Thema Freiheit zu sprechen. Kiko meinte: »Freiheit ist doch relativ. Ihr Deutschen seid doch auch nur Tiere in einem Zoo mit einem Freilaufgehege. Auch euer Gehege hat Grenzen und Zäune, an die ihr manchmal stoßt.« Genauso sei das auch auf Kuba: »Auch unser Gehege hat Zäune und Grenzen. Die sind vielleicht etwas enger gesteckt, aber das ist Ansichtssache. Jeder kennt diese Grenzen, und wer sie überschreitet, muss eben mit den Konsequenzen rechnen!« Außerdem meinte er noch: »Ihr werdet doch auch überwacht und bespitzelt!« Damit spielte er auf die NSA-Affäre an. Lachend fügte er hinzu: »Im Gegensatz zu euch wissen wir Kubaner aber wenigstens, wer uns bespitzelt!« Dass Kiko schon häufiger im Ausland gewesen war und sich ein Bild vom »real existierenden Kapitalismus« machen konnte, merkte ich spätestens, als er feststellte: »Euer Kapitalismus mit seinem immerwährenden Wachstumsgedanken fährt doch gerade auch mit Vollgas an die Wand.«

Links oben | Vaquero, Sänger bei *Tendencia*, verdient sich zusätzlich ein bisschen Geld als Tätowierer. Im Schlafzimmer seiner Großmutter betreibt er sein kleines Studio. Die Ausrüstung bringen ihm Leute aus dem Ausland mit. Er selbst ist bis auf einen winzigen Punkt nicht tätowiert.

Links unten | Sie sorge sich schon um die Stimme ihres Sohnes, gesteht Vaqueros Mutter. Er habe schließlich eine klassische Gesangsausbildung und früher professionell in einem staatlichen Chor gesungen. Aber er sei ja ein großer Junge und wisse wohl, was er tue.

SÄNGER VAQUERO: TATTOO-STUDIO IM SCHLAFZIMMER DER GROSSMUTTER

Jedes Mitglied von *Tendencia* hat neben der Musik noch einen weiteren Job. Nur von der Musik zu leben, ist selbst für die bekannteste Heavy-Metal-Band Kubas schwierig. Sänger Vaquero betreibt im Schlafzimmer seiner Großmutter ein kleines Tattoo-Studio.

Dort besuchte ich ihn eines Tages. Auch seine Großmutter und seine Mutter waren da. Ich nutzte die Gelegenheit, um seine Mutter zu fragen, was sie denn von der Musik ihres Sohnes halte: »Ich sorge mich schon etwas um seine Stimme«, meinte sie. »Er hat eine klassische Gesangsausbildung. Früher hat er professionell als Bass in einem staatlichen Chor gesungen.« Selbst sie musste bei der Vorstellung lachen. »Aber er ist ja ein großer Junge, er weiß schon, was er tut!«

Oben | Die Busfahrten auf einer Konzerttournee durch Kuba sind lang und Rumsitzen und Rum Trinken können auch mal langweilig werden. Ein Dominospiel auf einem Gitarrenkoffer bietet da eine willkommene Abwechslung.

Rechts | Vereint durch die Musik: die kubanische Band *Tendencia* und die Rügener Trash-Rock-Band *COR*. Unter dem Motto »Von Insel zu Insel« absolvierten die beiden Bands 2014 auf einer gemeinsamen Tournee durch Kuba eine ganze Reihe von Konzerten.

Nach einem der Konzerte auf der Tour sah ich Vaquero ganz allein im Konzertsaal sitzen. Er kauerte in sich zusammengesunken vor der Bühne. Ich ging zu ihm und fragte, was los sei. Nachdenklich antwortete er: »Vielleicht hat Mama doch recht: Mein Hals tut weh, ich bin müde und geschafft, also gesund ist das bestimmt nicht!«

TOURALLTAG

Ungesund ist sicher der Alkoholkonsum auf so einer Tour. Am ersten Tag hielt unser Tourbus bereits nach wenigen Kilometern an, um sage und schreibe 300 Flaschen Rum einzuladen. »Was habt ihr denn bitte vor?«, fragte ich erschrocken. »Wir sind doch nur zwei Wochen auf Tour, seid ihr wahnsinnig?« »Na ja, wir werden von einem Rumhersteller gesponsert!«, bekam ich zur Antwort. Angeblich wollte der uns Deutschen beweisen, dass auch der Rum weniger namhafter kubanischer Hersteller gut und gefahrlos zu ge-

nießen ist. Bei den Jungs von *Tendencia* war die Freude über das Geschenk groß. Warum, wurde mir klar, als ich beobachtete, wie das Frühstück der kubanischen Musiker auf der Tour aussah: Der Rum wurde in kleine Becher geschüttet, in die dann galletas, trockene, ziemlich harte Kekse, eingetunkt wurden. Das Ganze wurde scherzhaft als »desayuno cubano«, »kubanisches Frühstück«, bezeichnet.

Nachmittags gegen drei kam dann meistens Kiko, der Chef der Truppe, nach hinten in den Tourbus und meinte: »Muchachos, letzte Flasche für heute, in drei Stunden wird gearbeitet!« Und pünktlich zum Aufbau der Technik waren tatsächlich alle wieder fit. Dann wurde gerockt und gefeiert bis in die frühen Morgenstunden – die Jungs sind eben echte Profis, nicht nur was die Musik angeht.

Das in Deutschland allseits beliebte Bier wird auf Kuba übrigens allenfalls als Erfrischungsgetränk betrachtet. Als Alkohol gilt eigentlich nur Rum. Für den Preis von drei Dosen Bier erhält man eine ganze Flasche kubanischen Rum guter Qualität.

Folgende Seite | Erstmalig in der Geschichte des modernen Kuba ging eine ausländische Rockband gemeinsam mit einer kubanischen Band über mehrere Wochen auf Konzerttournee. Das Publikum war begeistert, auch wenn es von den deutschen Texten der Band *COR* so gut wie nichts verstand.

Links | Die Konzerte fanden meist unter freiem Himmel statt und oft mitten in einer Stadt. Trotz ohrenbetäubender Lautstärke blieben Beschwerden der Anwohner aus. Im Gegenteil: Alt und Jung kamen aus den Häusern, um das Spektakel nicht zu verpassen.

IMPROVISATION, NICHT NUR IN DER MUSIK

Bemerkenswert war für mich als Beobachter der Tour auch, wie gelassen die kubanischen Musiker mit den zahlreichen technischen Problemen umgingen, die sich auftaten, und wie nervös wir Deutschen wurden, wenn kurz vor dem Konzert wieder einmal eine Gitarre einen Wackelkontakt hatte und mit dem Lötkolben repariert werden musste. Vor fast jedem Konzert lagen ein oder zwei Gitarren zerlegt vor ihren Besitzern. Improvisation war angesagt, nicht nur in der Musik! Ein Problem war auch, dass die deutschen Musiker, anders als geplant, die komplette Tournee mit kubanischem Equipment und kubanischen Instrumenten spielen mussten. Sie hatten ihre eigenen Sachen zwar zusammen mit zahlreichen Materialspenden für kubanische Bands in einem Container vorausgeschickt, dieser blieb allerdings monatelang im kubanischen Zoll hängen. So hatten sie für die ganze Tour zum Beispiel nur so viele Gitarrensaiten zur Verfügung wie in Deutschland für ein einziges Konzert. Entsprechend pfleglich wurden diese auch behandelt.

Für den Tontechniker von *COR* bedeuteten die Live-Auftritte auf Kuba eine besondere Herausforderung. Die Stromversorgung für das gesamte Konzert, für Licht und Ton, wurde oft nur improvisiert von irgendeiner Hauswand abgezwackt, indem zwei blanke Kabel nahe dem Auftrittsort an die Stromleitung angezwirbelt wurden. Da die Konzerte häufig in der Nähe des Meeres stattfanden und daher die Luftfeuchtigkeit enorm hoch war, standen mitunter mangels Erdung die Mikrofone und Gitarrensaiten unter Strom. Die deutschen Musiker versuchten, sich notdürftig gegen die Stromschläge zu schützen, indem sie Putzlappen um die Mikrofone wickelten. Für die Kubaner gehörte Spielen unter Strom zum Alltag!

Links unten | Wenn die Flügel zum Stimmen der Gitarre fehlen, tut es notfalls auch eine Gabel. Wer sich auf Kuba von kleinen technischen Pannen einschüchtern lässt, der kommt nicht weit oder spielt falsche Töne.

Rechts unten | Eine Lötpistole aus Holz mit Klingelknopf als Schalter. Ich musste lange suchen, bis ich jemanden fand, der mir mein Ladegerät reparieren konnte. Der Besitzer dieser Lötpistole erwies sich schon durch deren Bau als geeignet. Mein Ladegerät funktioniert bis heute!

INVENTO CUBANO: KUBANISCHER ERFINDUNGSREICHTUM

El *invento cubano*, der kubanische Erfindungsreichtum, ist also auch aus der Musikszene des Landes nicht wegzudenken. In nahezu allen Bereichen sind diese kleinen und großen Improvisationen und Tüfteleien überlebenswichtig. Allein mit diesem Thema ließe sich mühelos ein ganzer Bildband füllen: eine Lötpistole aus Holz mit Klingelknopf als Schalter, Wäscheklammern, hergestellt aus alten Aluminiumkochtöpfen, fünf Stück für zehn Pesos, ein selbst gebauter Rasenmäher mit Waschmaschinenmotor … Allein was man mit etwas Erfindungsgeist alles an einem Fahrrad reparieren kann, füllt ein ganzes Kapitel.

Auf unserer ersten Fahrradreise mit dem Tandem über die Insel sind wir oft genug in den Genuss der kubanischen »Reparierkunst« gekommen. Ersatzspeichen aus dickem Stahldraht und ein Naben-Schaltkettchen aus aufgezwirbeltem Bremsseil gehörten zu den Highlights, die uns die Weiterreise immer wieder ermöglichten. Auf Kuba ist das Fahrrad ein wichtiges Transportmittel. Autos und Motorräder sind selten, Treibstoff ist knapp und teuer. Bei so vielen Fahrrädern und Bici-Taxis gibt es in der *ponchera* viel zu tun. Der *ponchero* repariert zum Beispiel einen Plattfuß, indem er mit einem ausrangierten Bügeleisen ein Stück Kautschuk auf das Loch im Schlauch aufbügelt. Er muss auch bei Stromausfall weiterarbeiten können, dann wird anstelle des Bügeleisens ein alter Motorkolben verwendet. Oben in den offenen Kolben wird Kerosin gekippt und angezündet. Dadurch erhitzt sich die untere Fläche des Kolbens. Dann wird der heiße Kolben wie das Bügeleisen mit Druck auf den Schlauch gepresst und die Sache ist geflickt! Risse im Fahrradmantel näht der *ponchero* kurzerhand mit dickem Zwirn wieder zu.

Eines Nachmittags beobachtete ich ein paar Männer dabei, wie sie den rissigen Vorderreifen unseres Tandems inspizierten. »Ich weiß, der ist nicht mehr gut. Ich hatte keine Zeit mehr, ihn auszutauschen«, versuchte ich uns zu entschuldigen. Die Männer brachen in schallendes Gelächter aus und einer

KAPITEL 7 | Hasta siempre, Heavy Metal!

meinte: »Na, wenn der nicht mehr gut ist, dann gib ihn mir! Du bekommst einen neuen kubanischen von mir! Das sind echte Nylons, Mann! Die sind super!«

Häufig gibt es auf Kuba nur selbst gemachte Reifen zu kaufen. Heißer Kautschuk wird zusammen mit einem Stoffgewebe in eine lange Bleiform gegossen. Anschließend wird der abgekühlte Kautschukstreifen zu einem Ring zusammenvulkanisiert und zuletzt noch der Drahtring eingenäht, der verhindert, dass der Mantel aus der Felge springt. Das Ergebnis sieht dann fast aus wie ein Original. Leider werden die heißen Straßen Kubas zum Problem. Darauf wird der Kautschuk wieder weich und fährt sich nicht nur schneller ab, sondern bläht sich stellenweise auch auf. Das geht so lange gut, wie der Ballonmantel durch den Rahmen passt, aber schon bald beginnt er, ihn zu streifen und zu schleifen, bis irgendwann Mantel samt Schlauch mit einem lauten Knall zerplatzen.

Eines Tages, als Manu und ich mit einigen Kubanern am Straßenrand saßen und Bananen gegen Ananas tauschten, erschreckte uns plötzlich ein Schuss ganz in der Nähe. Die Kubaner lachten: »Nur ein Fahrradreifen, keine Sorge!«

Einer meiner Favoriten unter den selbst erfundenen Berufsgruppen Kubas ist der *fosforero*, der Feuerzeugmechaniker. Mit ihren kleinen Wägelchen stehen sie an vielen Straßenecken und reparieren Feuerzeuge. Aus Einwegfeuerzeugen werden Mehrwegfeuerzeuge, indem sie diese mit Gas aus Insektenspraydosen neu auffüllen. Diese Dosen wiederum werden allabendlich für den nächsten Arbeitstag am heimischen Gasherd befüllt. Außerdem werden verschmorte Kunststoffteile zurechtgeschmolzen, das Reiberad neu eingepasst und Feuersteine ausgetauscht. Ein Einwegfeuerzeug wieder aufzufüllen, funktioniert wie folgt: Man stecke eine Spritzennadel auf eine Insektenspraydose, mache die Nadel über einer Kerzenflamme heiß, stecke sie seitlich ins Feuerzeug und übe nun Druck auf den Sprühkopf aus. Das Feuerzeug füllt sich. Dann zieht man die Nadel wieder heraus, verschließt sofort das winzige Loch mit einem kleinen Tropfen geschmolzenem Kunststoff – fertig!

Links | Das Fahrrad und seine Abkömmlinge, die Bici-Taxis, sind wichtige Transportmittel auf Kuba. Bei so vielen Fahrrädern gibt es in der »ponchera« von 8 Uhr morgens bis 8 Uhr abends viel zu tun. Der »ponchero« flickt platte Reifen, ein sehr verbreiteter Beruf.

Unten | Mit einem umfunktionierten Bügeleisen vulkanisiert Jorge ein Stück Kautschuk auf das Loch im Schlauch. Risse im Mantel näht er mit Bindfaden wieder zu und stellt sogar selbst Fahrradmäntel her.

VENTILATORMECHANIKER UND ORGANISIERER

Ventilatoren, die Klimaanlage des kleinen Mannes, sind wichtige Elektroartikel in einem so heißen Land wie Kuba. Auch für diese alten Windräder gibt es eigene Spezialisten. Auf der Suche nach einem Menschen, der mein Ladegerät reparieren kann, schickte man mich zu einem Herrn, der es mir mit seinem selbst gebauten Lötkolben problemlos instand setzte.

Es war Antonio Teran-Santana, 75 Jahre alt. Er besserte sich seine Rente als Mechaniker für Saftmixer und Ventilatoren auf. Bis zu seinem Ruhestand war er Anwalt gewesen, aber die bescheidene Rente reichte nicht zum Leben. »Mein Vater wollte, dass ich Anwalt werde«, erzählte er mir. »Ich wäre immer schon am liebsten Mechaniker geworden!« Zwar habe er Probleme mit dem Rücken, aber auch eine Abmachung mit dem Doktor: Er arbeite nur den halben Tag. Früher habe er viel getrunken und geraucht. »Und Frauen hätte ich am liebsten vier gehabt. Heute reicht mir eine, und die Flasche Rum, die ich zu meinem 75. Geburtstag gekauft habe, steht immer noch ungeöffnet da.«

Während ich ihm bei der Arbeit zusah und fotografieren durfte, kamen immer wieder Kunden in die kleine, zur Straße offene Werkstatt und fragten nach dem aktuellen Stand ihrer Reparaturen. Ein Herr erkundigte sich nach einer Buchse für einen Saftmixer. »Die gibt es im Moment nicht, die habe ich wirklich schon lange nicht mehr gesehen«, war die knappe Auskunft des Mechanikers. Der Kunde wartete geduldig, er schien ihm bei der Arbeit zuzusehen. »Die müssen aus Kupfer sein!«, fuhr Antonio irgendwann fort. »Ein Dreher könnte so etwas machen, aber zurzeit gibt es auch kein Kupfer.« Damit schien das Thema abgeschlossen. Dennoch blieb der Kunde weiter stehen und sah dem Mechaniker wie ich wortlos zu. Nach mindestens 15 Minuten – Antonio hatte mir in der Zwischenzeit aus seinem Leben erzählt – wendete er sich wieder ganz selbstverständlich an den Kunden: »Unten in der Friedhofsstraße, da gibt es einen, der kann bestimmt so eine Buchse besorgen. Der besorgt Sachen von draußen, der bekommt so eine Buchse!« Der Kunde bedankte sich aufrichtig und machte sich zufrieden auf den Weg.

In meiner europäischen Ungeduld wäre ich mit demselben Anliegen leer ausgegangen. Ich hätte auf keinen Fall lange genug gewartet, um den entscheidenden Hinweis auf den »Organisierer« zu erhalten.

Links | Die kleine Rente, die er als ehemaliger Anwalt bezieht, reicht nicht aus. Deshalb verdingt sich der 75-jährige Antonio Teran-Santana als Ventilatormechaniker. Mit viel Fingerspitzengefühl und noch mehr Improvisationstalent setzt er die alten Windräder wieder in Gang.

Folgende Seite | Der »fosforero«, der Feuerzeugmechaniker, macht aus einem Einweg- ein Mehrwegfeuerzeug, indem er es mit Gas aus Insektenspraydosen neu befüllt. Außerdem wechselt er Feuersteine aus und biegt verschmorten Kunststoff wieder zurecht.

KAPITEL 8

KUBA POWER: DIE ENERGIELIEFERANTEN ÖL, ZUCKER UND RUM

KAPITEL 8 | Kuba Power

DIE RUINEN VON CIENFUEGOS: FRANZÖSISCHE ARCHITEKTUR UND EIN SOWJETISCHES AKW

Eines der schönsten Konzerte auf der Tour mit *Tendencia* und *COR* erlebten wir in Cienfuegos, wo das Konzert direkt an der Uferpromenade unter freiem Himmel stattfand, im Rücken nur das Wasser. Aber solche Städte sind eben auch bei Tag schön und einen größeren Kontrast – Heavy Metal in der Nacht und touristische heile Welt am Tag – habe ich selten erlebt.

Einst wichtige Hafenstadt für den Export des kubanischen Zuckers, zieren Cienfuegos auch heute noch zahlreiche prachtvolle Gebäude der einstigen Zuckerbarone. Auch diese Stadt ist eine UNESCO-Stadt, deren historische Fassaden großräumig bezaubernd restauriert wurden. Viele Gebäude sind im französischen Stil erbaut. El Parque José Martí und die ihn umgebenden Häuser geben einen Eindruck, in welchem Glanz sich Kuba in Zukunft präsentieren könnte.

Um ein Haar hätte hier bei Cienfuegos allerdings das erste und einzige Atomkraftwerk Kubas gebaut werden sollen. Als Glücksfall für die Stadt und die Umgebung brach jedoch vor dessen Fertigstellung die Sowjetunion zusammen, mit deren Unterstützung das Kraftwerk gebaut werden sollte. Darüber, welchen Schaden ein Atomkraftwerk anrichten könnte, dass ähnlich miserabel instand gehalten wird wie all die anderen staatlichen Kraftwerke und Fabriken Kubas, möchte man nicht nachdenken. Als ich die Ruine dieses AKWs das erste Mal am Horizont ausmachte, kam mir der Anblick seltsam bekannt vor. Und tatsächlich ist uns Europäern die Silhouette bereits begegnet: Das AKW von Cienfuegos ist ein Nachbau des Reaktors von Tschernobyl! Bereits nach dem Reaktorunglück im April 1986 wurden die Bauarbeiten am kubanischen Zwilling »vorübergehend« eingestellt. Zwar wurden viele Menschen ausgebildet, um eines Tages als Ingenieure und Arbeiter im

Links | Mit einer Fettdose und einem Pinsel wartet dieser junge Mann die alten Ölförderpumpen zwischen Havanna und Matanzas. Dieses Öl ist nicht von bester Qualität und wird hauptsächlich zur Stromgewinnung verwendet. Ausländische Investoren wollen Kubas Ölvorkommen künftig effizienter ausbeuten.

Unten | Der *Palacio Ferrer* in Cienfuegos wurde einst von einem reichen Spanier erbaut und wird heute als »casa de la cultura«, als Kulturzentrum der Stadt, genutzt. Gegenüber liegt das Provinzbüro der UJC, der Union junger Sozialisten.

Links | Noch heute dient das äußerlich schön sanierte *Colegio San Lorenzo* als Volksschule. Das Gebäude wurde Anfang des 20. Jahrhunderts als Schule für Arme geplant und gebaut. Der Flammenbaum im Vordergrund dürfte wohl ungefähr aus der Bauzeit stammen.

Kernkraftwerk von Cienfuegos zu arbeiten, daneben wurde *la ciudad nuclear*, die »nukleare Stadt«, erbaut, doch heute ist der Großteil der Bevölkerung froh, niemals wirklich mit dem Risiko atomarer Stromerzeugung konfrontiert worden zu sein.

Links | In der Nähe von Cienfuegos wurde ein Zwilling des Atomkraftwerks von Tschernobyl erbaut. Nach dem GAU in der Ukraine wurden die Bauarbeiten jedoch eingestellt. Heute liegt der dickwandige, rote Reaktorbehälter einfach in einer Wiese und wird nach und nach verschrottet.

Unten | Eine komplette Kleinstadt wurde für die künftigen Arbeiter des Kernkraftwerks errichtet. »La ciudad nuclear«, die Atomstadt, gleicht heute einer Geisterstadt mit vielen halb fertigen Gebäuden. Dennoch leben einige Menschen hier, manche arbeiten als Wachpersonal in der Reaktorruine.

ÖL UND TREIBSTOFF: DAS TRANSPORTPROBLEM

Wind-, Wasser- und Solarkraft sind auf Kuba zwar nicht unbekannt, aber noch selten. Die Photovoltaik ist seit einigen Jahren dank chinesischer Unterstützung zwar im Aufwind, noch wird der Strom aber meistens mit Öl erzeugt. Allerdings gibt es nur geringe Ölvorkommen, sodass man auf Lieferungen aus dem Ausland angewiesen ist. Das sowjetische Öl verschwand Ende der 1980er-Jahre so plötzlich aus dem kubanischen Alltag wie nur kurz danach die dazugehörige Sowjetunion. Lange Zeit war darauf Venezuela unter Hugo Chávez der wichtigste Lieferant für diesen Energieträger. Trotzdem wurde Treibstoff nach dem Zusammenbruch des europäischen Ostblocks ebenso knapp wie fast alles andere. Nur Einfallsreichtum und Notmaßnahmen konnten in der folgenden *período especial* das kubanische Transportsystem am Leben halten.

So wurden zum Beispiel amerikanische Sattelschlepper zu Personentransportern umgebaut. In diesen Trucks, *camellos* genannt, wurden mitunter über 300 Passagiere befördert. Heute sind nur noch wenige davon im Einsatz. Das Fahrradtaxi und die *chivichanas*, selbst gebaute Transportwägelchen zum Rollen und Schieben, hatten Hochkonjunktur. Außerdem sollte jedes mit kostbarem Öl betriebene Fahrzeug maximal ausgelastet werden, um dem Transportproblem entgegenzuwirken.

Zu diesem Zwecke wurden die *amarillos* eingeführt. Diese mit gelber Uniform und gelber Baseball-

Oben | »Los amarillos«, die Gelben, nennt man die Männer und Frauen, die in ihren meist gelben Uniformen als staatliche Autostopper arbeiten. Man sagt ihnen, wohin man möchte, und kann dann im Schatten warten, bis sie ein Fahrzeug in die gewünschte Richtung angehalten haben.

Rechts | Dem Transportproblem auf Kuba wurde unter anderem mit dem »camello« (Kamel) entgegengewirkt. Diese umgebauten Sattelschlepper können bis zu 300 Passagiere befördern. Komfort ist dabei allerdings nicht zu erwarten. Heute sind nicht mehr viele dieser Fahrzeuge zu sehen.

kappe gekleideten Frauen und Männer sind staatliche Autostopper und stehen an vielen Straßen Kubas an sogenannten *puntos amarillos*, Haltestellen im Schatten einer Brücke oder unter Bäumen. Diesen Autostoppern teilt man mit, in welche Richtung man möchte, drückt ihnen den vereinbarten Preis in nationaler Währung in die Hand und kann dann im Schatten warten, bis sie ein Auto oder einen LKW gestoppt haben, der einen mitnimmt. Eigentlich sollten die Stopper erst mit dem Fahrer verhandeln, wie viele Passagiere er mitnehmen kann. Aber gerade bei LKWs sind meistens schon alle Wartenden auf die Ladefläche geklettert, bevor fertig verhandelt wurde. Alle Fahrzeuge, die dem Staat gehören, heute zu erkennen an einem B im Kennzeichen (vor 2013 waren staatliche Kennzeichen blau), müssen anhalten. Wer nicht anhält, wird von den *amarillos* auf einem kleinen Täfelchen notiert und bestraft oder abgemahnt.

Obwohl ich auf Kuba oft mit dem Fahrrad unterwegs bin, nutze ich diese Möglichkeit gern für Teilstrecken. Nicht auf jedem LKW ist noch Platz für mich und mein Fahrrad, aber irgendwann steht man dann, dicht gedrängt mit Kubanern, auf so einer offenen Ladefläche. Mir ist der Fahrtwind allemal lieber als die meist zu kalt eingestellte Klimaanlage in den Touristenbussen. Eilig sollte

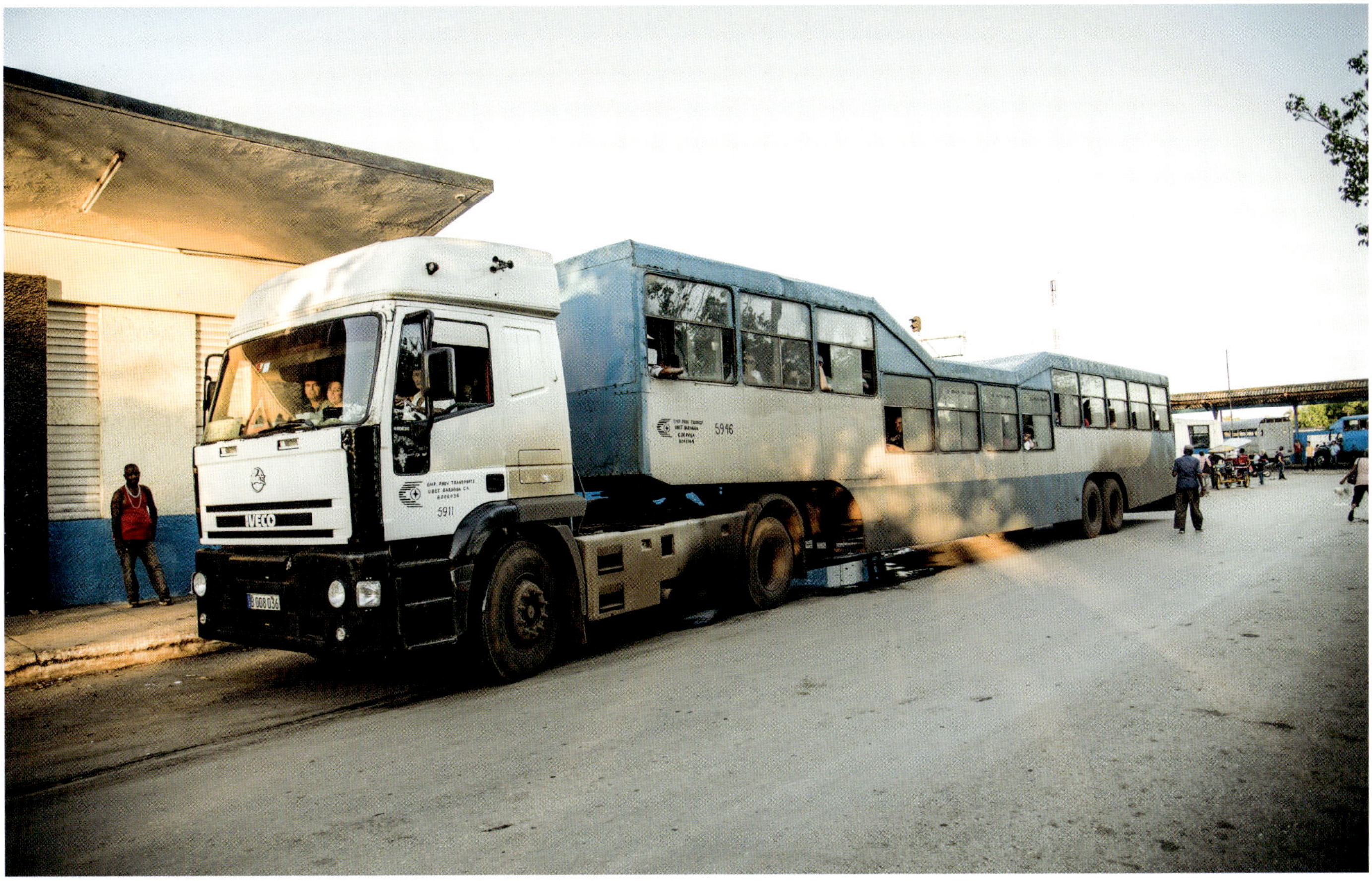

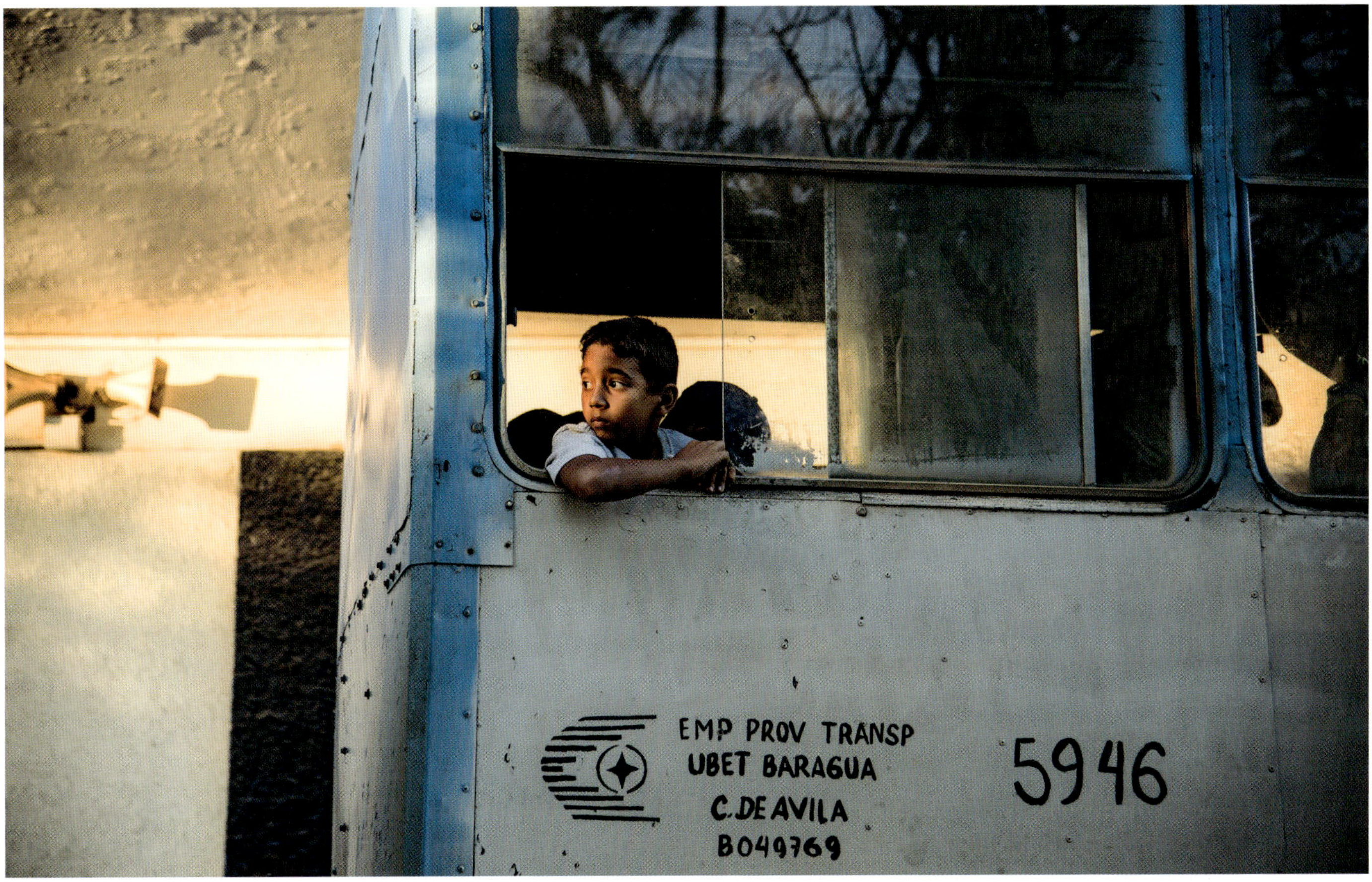

EMP PROV TRANSP
UBET BARAGUA
C. DE AVILA
B049769

5946

Rechts und unten | Die Farben Grün, Blau und Weiß prägen weite Teile der kubanischen Landschaft: Über den weiten Zuckerrohrfeldern spannt sich der blaue, meist mit einigen weißen Wolken getupfte Himmel. Die Arbeit in den Zuckerrohrfeldern ist hart: Die Sonne brennt vom Himmel und durch das hohe Gras dringt kaum ein Lüftchen. Die Kleidung muss zum Schutz gegen die schneidenden Blätter langärmlig und dick sein. Die Zuckerrohrernte ist oft Teil einer Gefängnisstrafe.

man es allerdings nicht haben. Gerade längere Fahrten werden mit großer Wahrscheinlichkeit durch verschiedene Pannen unterbrochen. Ein platter Reifen ist schnell ausgetauscht und sogar repariert. Auf einer Fahrt brach unserem LKW jedoch die Kardanwelle. Ich wollte mich gerade nach einer anderen Mitfahrgelegenheit umsehen, als meine Weggefährten meinten: »Tranquilo, esto se aregla!« – »Nur die Ruhe, das wird schon!« Und siehe da, aus einer der großen Werkzeugkisten des LKWs kramten die Fahrer eine Ersatz-Kardanwelle hervor und nach gut einer Stunde ging es dann wirklich weiter.

ZUCKERROHR UND RUM

Die Energie für ihre unvergleichliche Gelassenheit und Ausdauer ziehen die Kubaner zu einem großen Teil aus dem Zuckerrohr und seinen Produkten: frisch gepresstem Zuckerrohrsaft, raffiniertem Zucker, in reichlicher Dosierung in Getränken und Süßspeisen verwendet, und nicht zuletzt aus dem kubanischen Rum, dem Lebenselixier vieler Kubaner. Auch wenn der kubanische Zucker bei Weitem nicht mehr die wirtschaftliche Bedeutung besitzt wie vor der Revolution – Zuckerrohr wird heute anderswo auf dieser Welt günstiger und in größerem Stil angebaut –, wird das Arbeiten auf den Zuckerrohrfeldern bis heute zum Teil staatlich verordnet. Dass die Arbeitseinsätze auch als Strafmaßnahme für Missetäter eingesetzt werden, zeugt von deren Härte. In brütender Hitze, durch das hohe Zuckerrohr von kühlendem Wind abgeschirmt und dick eingepackt, um sich vor Verletzungen durch die scharfkantigen Pflanzen zu schützen, schwingen die *cañeros* ihre Macheten. Auf überfüllten Ladewagen wird das Zuckerrohr in die nächste Zuckerfabrik gefahren, zur Erntezeit sind die Straßen mit verlorenem und platt gefahrenem Zuckerrohr übersät. In der Hitze entsteht dadurch ein süßlicher Karamellduft, der noch lange Zeit in der Luft hängt.

KAPITEL 9
RELIGION VS. SOZIALISMUS: DIE MACHT DER GÖTTER UND DIE MACHT DES GELDES

KAPITEL 9 | Religion vs. Sozialismus

ZUR KOMMUNION UND ZUR KOMMUNISTISCHEN PARTEI: RELIGIONSFREIHEIT

Unter anderem durch drei Papstbesuche seit 1998 erfreuen sich die Kirchen auf Kuba wieder großer Beliebtheit. Bereits seit 1991 ist auch die gleichzeitige Mitgliedschaft in Kirche und kommunistischer Partei möglich – ein Zeichen von Religionsfreiheit. Die katholische Kirche hat in den letzten Jahren viel Aufbauarbeit geleistet, und das nicht nur an den Kirchengebäuden. Die Besucherzahlen zum Beispiel an einem Palmsonntag, an dem mit echten Palmblättern wedelnde Gläubige die Kirchen bis auf die Vorplätze hinaus füllen, ließen so manche deutsche Pfarrgemeinde vor Neid erblassen.

Auch die protestantischen Kirchen sind sehr aktiv und leisten vielerorts humanitäre Arbeit. In vielen Gotteshäusern predigen sonntags freikirchliche Pfarrer, die mit ihren großen und voller Inbrunst vorgetragenen, von Live-Musik untermalten Reden das Volk für die Botschaft Jesu zu euphorisieren und zur Buße für ihre Sünden zu bewegen versuchen. Wichtiger Teil dieser Gottesdienste ist das Einsammeln von Spenden, zu welchen Zwecken auch immer …

Wie überall auf der Welt trifft man übrigens auch auf Kuba noch im hintersten Nest auf missionierende Zeugen Jehovas.

Links | »Domingo de ramos«, Palmsonntag, in Las Tunas. Der Altar ist mit echten Palmblättern geschmückt und auch jeder der Gottesdienstbesucher hat einen kleinen Palmwedel in der Hand. Über einen ähnlichen Zulauf würden sich unsere Kirchengemeinden freuen – die Besucher standen bis vor die Türe der kleinen Kirche.

Unten | In vielen Haushalten Kubas trifft man auf kleine Altäre. Die Bettlerfigur San Lazaro steht auch für den *Santería*-Gott Babalú Ayé. Ihm wird alles Mögliche geopfert: Reis, Rum, Zigarren, Blumen, Parfüm – eben alles, was ein Gott so braucht.

HEILIGENVEREHRUNG: *SANTERÍA*

Ein wesentlich älterer religiöser Import ist die *Santería*, eine Art Yoruba- oder Voodoo-Glaube. Afrikanische Sklaven brachten mit ihrer Kultur auch ihren Götterglauben auf die Insel. Als die herrschenden Katholiken den Sklaven ihren Monotheismus aufzwingen wollten und die Verehrung der *orishas*, der afrikanischen Gottheiten, unter Strafe stellten, gaben die Sklaven ihren *Santería*-Göttern kurzerhand die Namen der katholischen Heiligen. So konnte kein Katholik etwas gegen deren Anbetung

KAPITEL 9 | Religion vs. Sozialismus

sagen. Jeder Yoruba-Gott hatte künftig auch eine katholische Entsprechung. Irgendwann verschwamm die Grenze zwischen katholischem und *Santería*-Glauben immer mehr, heute lässt sich kaum noch genau trennen, ob in der Verehrung oder einem Opfer der eine oder der andere Gott angesprochen wird.

Draußen in der Natur, aber auch in vielen Haushalten Kubas findet man kleine Altäre, die der Virgen de la Caridad del Cobre, der barmherzigen Jungfrau von Cobre, und ihrer Entsprechung Ochún gewidmet sind. Mindestens genauso häufig erinnern solche Altäre an den heiligen Lazarus, San Lazaro, mit seiner *Santería*-Entsprechung Babalú Ayé. Dieser Bettlerfigur wird an den kleinen Altären alles Mögliche geopfert: Blumen, Zigarren, Reis, Rum, Parfüm, manchmal noch eine Dose Bier – eben alles, was ein Heiliger so zu begehren scheint.

Die *Santería* ist heute wieder groß in Mode. Anwärter zur *santera* und zum *santero* erkennt man an ihrer weißen Kleidung. Nicht verwechseln sollte man Erstere jedoch mit den *damas blancas*, den ebenfalls weiß gekleideten Mitgliedern einer Organisation von Angehörigen politischer Gefangener.

Auf einem Streifzug durch Havanna fragte ich einmal einen weiß gekleideten jungen *santero* nach dem Weg. Darauf meinte der: »Ich bin *santero*, siehst du das nicht? Behandle mich gefälligst mit dem angemessenen Respekt!« Ich entschuldigte mich höflich und fragte den nächsten Passanten.

Ja, der *Santería* gebührt angemessener Respekt. Leider wirken Voodoo-Religionen wie diese unglaublich anziehend auf uns Touristen, weshalb die *Santería* gerade in touristischen Gebieten wie der Altstadt Havannas häufig vor den Karren des Tourismus gespannt wird. Plötzlich scheint fast jeder *santero* oder *santera* zu sein, und man braucht nur sein Interesse zu bekunden, um sofort zu einem beliebigen Ritual eingeladen zu werden, obwohl diese eigentlich nur für Eingeweihte zugänglich seien.

Eine andere Erfahrung mit einer *santera* machte ich an einem Pizzastand am Rande Trinidads. Eigentlich wollte ich mir nur eine Peso-Pizza kaufen, als mich die Verkäuferin ansprach: »Hey, *yuma*, gib mir ein Bier aus!« Verwundert entgegnete ich: »Was? Ich kenne dich doch gar nicht, warum sollte ich dir ein Bier ausgeben? Ich kaufe dir eine Pizza ab und gut!« »Weil ich *santera* bin!«,

Rechts | Eine *santera* im Stadtteil La Regla von Havanna. Die *Santería* ist ein afrokubanischer Götterglaube, der sich auf ganz Kuba großer Beliebtheit erfreut. Moraima erzählt, sie sei tot geboren worden. Erst durch ein *Santería*-Ritual sei ihr Geist wieder in den Körper zurückgekehrt.

Unten | Spätestens seit dem Papstbesuch 1998 erfreuen sich die Kirchen auf Kuba wie diese in Camagüey wieder großer Beliebtheit. Bereits seit 1991 ist eine gleichzeitige Mitgliedschaft in Kirche und kommunistischer Partei möglich. Das bedeutet so viel wie Religionsfreiheit.

wurde mir erklärt. »Na und? Ich bin Christ. Gibst du mir deshalb eine Pizza aus?«, fragte ich provozierend. »Ich weiß, dass du bald Vater wirst!«, fuhr sie fort. Das verwirrte mich zugegebenermaßen, denn es stimmte: Manu war damals im siebten Monat schwanger. Hatte ich das irgendjemandem dort erzählt? Mir fiel niemand ein. »Es wird ein Mädchen!«, fuhr sie unbeirrt fort. »Woher willst du das wissen? Das weiß noch nicht einmal meine Frau!« »Ich bin *santera*«, wiederholte sie, »ich weiß so etwas!« »Alles klar, bekomme ich nun meine Pizza?« »Ja, die Pizza bekommst du. Aber wenn es ein Mädchen wird, kommst du wieder und bezahlst mir einen ganzen Kasten Bier!« Knapp drei Monate später kam unsere Tochter Frida zur Welt. Den Kasten Bier bin ich der Dame noch schuldig, aber ich freue mich schon darauf, ihn ihr irgendwann zu überreichen!

2017 hatte ich ein ähnliches Erlebnis mit einer *santera*. In *La Regla*, einem Stadtteil von Havanna, kam ich ins Gespräch mit einer *ochunsita*, einer *Santería*-Vertreterin der Jungfrau Maria. Ihren weltlichen Namen wollte sie mir erst nennen, als keine anderen *santeras* mehr in der Nähe waren. »Die machen sonst nur irgendwelche Hexereien mit mir!«, flüsterte sie mir zu. Moraima

Oben | Auch diese Damen sind *santeras*. Sie warten vor der Kirche Nuestra Señora de Regla in Havanna, um den Besuchern aus der Hand zu lesen. Bei einem plötzlichen Regenguss versammelten wir uns alle unter einem Dach und trockener, weltlicher Humor stand im Mittelpunkt.

Rechts | Die zwei Währungen auf Kuba: Der Peso Nacional, auch Peso Cubano genannt, ist die Währung, die Kubaner vom Staat ausbezahlt bekommen. Der Peso Convertible, kurz CUC, war eigentlich als Touristenwährung gedacht, ist heute aber Zahlungsmittel für alle Waren höherer Qualität und Vielfalt.

erzählte, sie sei tot geboren worden. Ihre Eltern seien dann mit ihr zu einer *santera* gegangen, die ein Ritual an ihr vollzogen habe. Dadurch sei ihr Geist wieder in den Körper zurückgekehrt. Im Alter von acht Jahren sei sie dann selbst zur Santería gekommen. Wir führten ein nettes Gespräch, und als wir uns verabschiedeten, beteuerte sie, sie werde für meine Frau, meine Kinder und mich etwas Gutes tun. Wieder nahm ich das nicht allzu ernst. Am nächsten Tag erzählte mir meine Frau Manu in einer E-Mail, sie habe spontan mit unseren beiden Töchtern Frida und Leni die Marienstatue oberhalb unseres Dorfes aufgesucht und dort für mich gebetet – ein paar Stunden nach meinem Treffen mit der *santera*. Da wir unseren Glauben nicht sonderlich regelmäßig praktizieren, erschien mir ihr Besuch der Marienstatue just an diesem Tag doch als sehr merkwürdiger Zufall.

KAPITEL 9 | Religion vs. Sozialismus

GOTT DES KONSUMS: DIE ZWEI WÄHRUNGEN

Die neue Konsumwelt hat Kuba wohl viel stärker im Griff als jede Religion. Der alltägliche Konsum, wie der einer Peso-Pizza und all der kleinen Dienstleistungen wie Friseur, Nagelpflege, Fahrrad- oder Feuerzeugmechaniker, können nach wie vor in der Landeswährung, dem Peso Nacional, bezahlt werden. In dieser Währung wird den Kubanern ihr Lohn vom Staat ausbezahlt. Die staatlichen Einkaufsläden für die nationale Währung verlieren dagegen immer mehr an Bedeutung, denn dort wird meist nur Ware von minderer Qualität und in geringer Auswahl angeboten. Auffallend ist dies zum Beispiel in den Bekleidungsgeschäften: Meist liegt der Großteil des gesamten Ladensortiments bereits im Schaufenster. Im Laden selbst ist dann so gut wie nichts mehr.

Die wichtige Währung für den neuen Konsum ist heute der Peso Convertible, der CUC. 25 Pesos Nacionales entsprechen einem CUC. Der Convertible wiederum stellt das Äquivalent zum US-Dollar dar und wurde ursprünglich als reine Touristenwährung eingeführt, die den US-Dollar auf kubanischem Boden entmachten sollte.

Als wir 2002 unsere erste Kubareise machten, gab es den Convertible zwar schon, er spielte aber noch keine große Rolle. Damals war der Dollar noch die gängige Währung für Touristen und Luxusartikel. In einer Bank in Santiago de Cuba wollten wir unsere eiserne Reserve, den letzten Hundert-Dollar-Schein, den wir aus Deutschland mitgebracht hatten, in nationale Währung eintauschen, aber die Bankangestellte wollte den Schein nicht annehmen. Zunächst dachte ich, dass es vielleicht nicht erwünscht sei, Ausländern so viel nationales Geld in die Hand zu geben, um zu verhindern, dass sie für Kubaner ge-

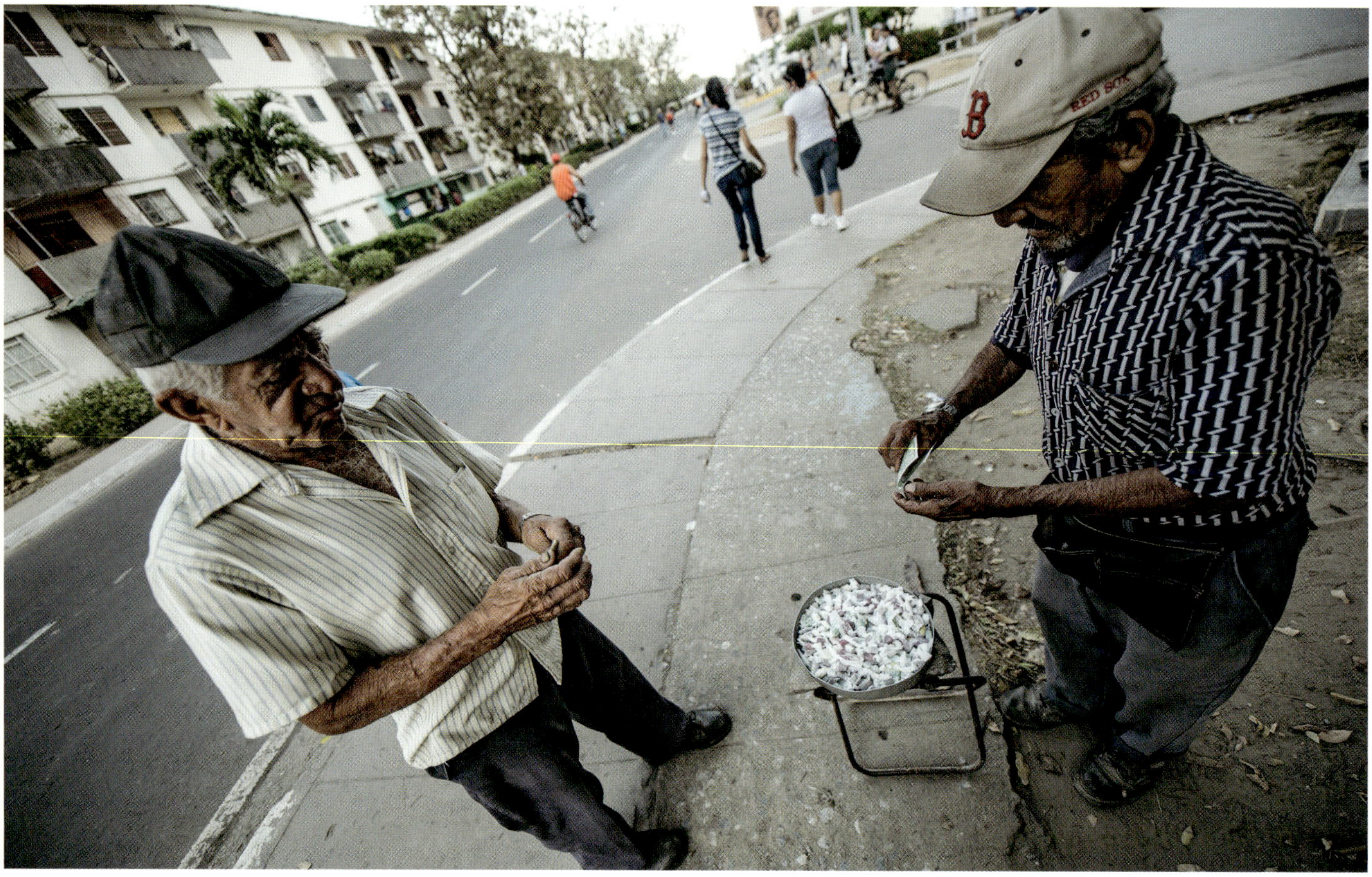
RED SOX

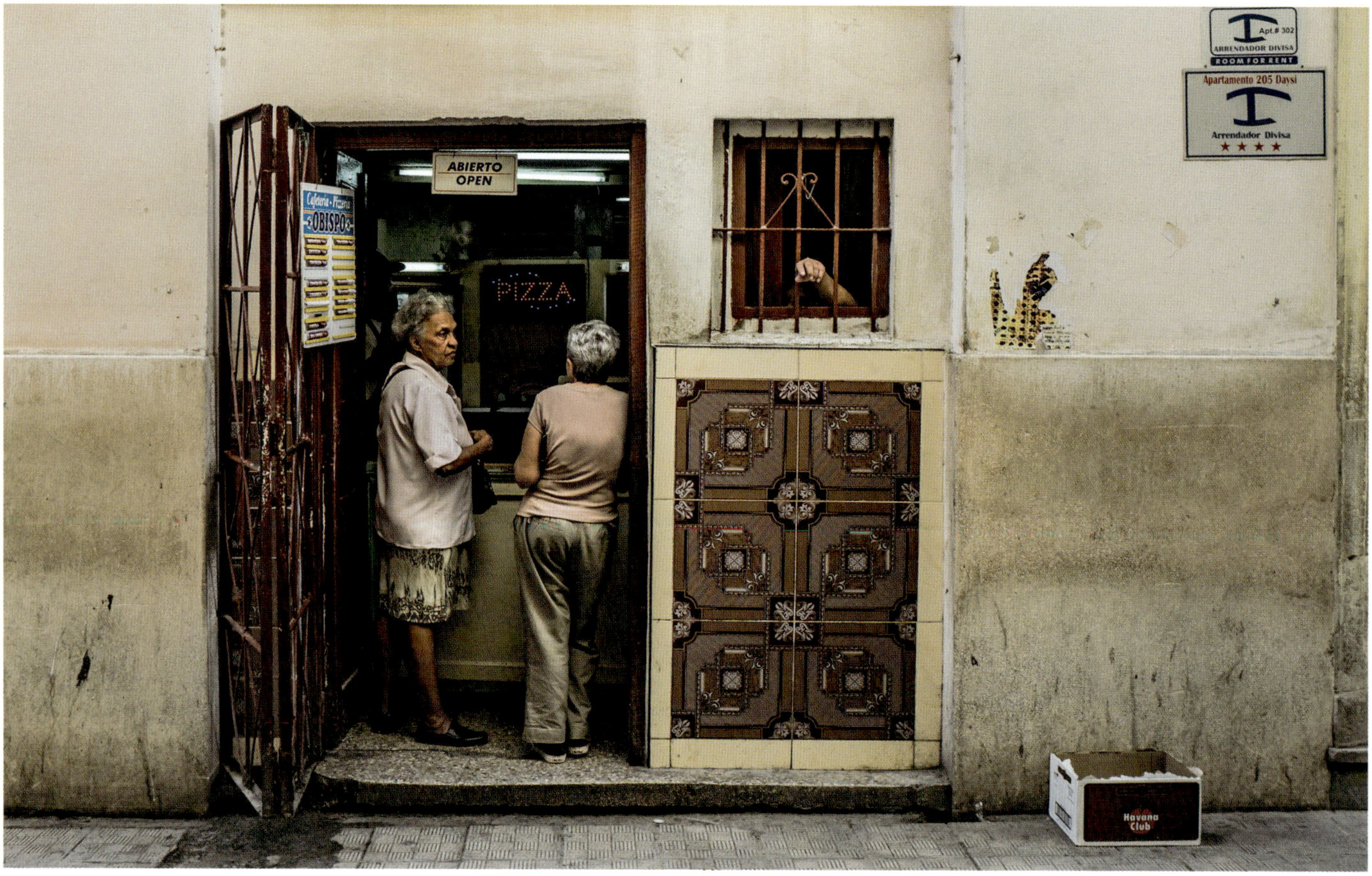
ABIERTO
OPEN
OBISPO
PIZZA
Apt.# 302
ARRENDADOR DIVISA
ROOM FOR RENT
Apartamento 205 Daysi
Arrendador Divisa
Havana Club

KAPITEL 9 | Religion vs. Sozialismus

dachte Waren und Dienstleistungen in Anspruch nähmen. Das wäre ja durchaus nachvollziehbar gewesen. Als ich die Bankangestellte jedoch nach dem Grund ihrer Ablehnung fragte, entgegnete sie gelangweilt: »Der ist zu neu, die sind oft falsch!« Sie zeigte uns, wie ein »richtiger« Hunderter auszusehen habe, und wir machten uns auf die Suche nach jemandem, der unseren neuen Hundert-Dollar-Schein in andere, fast nicht mehr lesbare alte Dollarnoten eintauschte. Diese zu wechseln, war schließlich auch die Bank bereit.

Dass es heute zwei kubanische Währungen gibt, verwirrt nicht nur die Touristen. Eine reine Touristenwährung ist der CUC schon längst nicht mehr. Spätestens seit der US-Dollar verbannt wurde, indem man ihn mit einer Art Straf-Wechselgebühr belegte, ist der CUC auch für Kubaner das Mittel der Wahl, wenn es um größere Investitionen oder mittelfristiges Sparen geht. Erst waren es die Nobelboutiquen in der Hauptstadt, die für Touristen Luxusgüter wie teure spanische Merino-Wollschals gegen CUC anboten, dann die grün-weißen Blechcontainer auf dem Land, in denen die Kubaner für CUC Luxusgüter wie Tomatensauce aus der Dose oder Speiseöl in Flaschen erstehen konnten. Seit Kubaner privaten Gewerben nachgehen dürfen, spielt der CUC eine größere Rolle denn je. Heute ernährt das legale private Kleingewerbe etwa ein Drittel der Bevölkerung. Wenn man die nicht angemeldeten Gewerbe dazurechnet, ist dessen Anteil am »Bruttoinlandsprodukt« sicher noch wesentlich höher.

Wer den neuen kapitalistischen Strömungen nachgibt, versucht, in CUC zu verdienen und zu investieren. Immer mehr muss in CUC bezahlt werden, sodass die beiden unterschiedlichen Währungen regelrecht einen Keil in die kubanische Gesellschaft treiben. Es gibt die, die CUC haben, und die, die keine haben, obwohl ihn eigentlich jeder braucht. Kaum jemand kann noch vom staatlichen Monatslohn leben, der durchschnittlich bei derzeit etwa 25 bis 30 Euro liegt. Sogar Grundnahrungsmittel wie Reis müssen oft auf dem freien Markt gekauft werden, zu freien Preisen und in CUC, je nachdem, wie rar die jeweilige Ware im Moment gerade ist. *Oferta y demanda*, Angebot und Nachfrage, bestimmen auf Kuba nicht nur den Preis, sondern auch die Währung. Der Staat scheint das Problem erkannt zu haben, denn es soll

Links | Seit Anfang der 1990er-Jahre werden immer mehr Privatgeschäfte zugelassen, und so findet man auf Kubas Straßen alle möglichen Geschäftsideen. Selbst gemachte »caramelos«, Bonbons, die für kleines Geld verkauft werden, oder Pizzastände, an denen man für umgerechnet etwa 20 Cent eine kleine Pizza bekommt.

Unten | »Fritura« ist der Oberbegriff für alles Frittierte. Hier sind es »fritura de chícharo«, kleine Knödel aus Erbsenmehl, in heißem Fett ausgebacken. Vorsicht ist bei frittiertem Fleisch und Fisch geboten. Dabei handelt es sich meist um Resteverwertung mit Durchfallgarantie!

künftig nur noch eine Währung geben. Welche bleiben wird, Peso Nacional oder Peso Convertible, ist noch ungewiss. Derzeit sind die Preise meist in beiden Währungen ausgeschrieben, ähnlich wie bei uns vor der Euro-Umstellung. Gerüchten zufolge soll der CUC abgeschafft werden, und die Gerüchteküche Kubas kocht oft gar nicht so schlecht! Langfristiges Sparen macht derzeit hauptsächlich in Euro Sinn: Hier gibt es keinen Strafzoll wie auf den US-Dollar, und laut europäischer Gerüchteküche wird der Euro auch nicht vor dem CUC abgeschafft.

Wer heute etwas zu verkaufen hat, der verkauft es. Sogar Häuser dürfen inzwischen an andere Kubaner veräußert werden. In Nueva Gerona, der Hauptstadt der Isla de la Juventud, sprach mich ein Mann an, der mir sein Fahrrad verkaufen wollte. Ich fragte ihn, warum er denn sein gutes *bicicleta neagra* loswerden wolle. Die alten amerikanischen Stahlfahrräder sind sehr beliebt auf Kuba, weil sehr robust. »Ich, oder vielmehr meine Frau, hätte gerne einen Flachbildfernseher. Hast du auch einen? Die sind doch super, oder? Für 300 bis 400 CUC gibt es die jetzt hier zu kaufen! 100 und ein bisschen habe ich

KAPITEL 9 | Religion vs. Sozialismus

schon, und wenn du mir 150 CUC für das Fahrrad gibst, dann fehlt nicht mehr viel!« Mir lag auf der Zunge zu sagen: »Ich habe auch keinen Flachbildfernseher. Behaltet doch lieber euer altes Stahlfahrrad, das habt ihr vielleicht noch bis an euer Lebensende. Dieser chinesische Flachbildfernseher gibt vielleicht schon nach zwei Monaten den Geist auf und ihr bekommt keine Ersatzteile, um ihn zu reparieren!« Doch ich beschloss, zu schweigen. Den deutschen Besserwisser heraushängen zu lassen und diesem Herrn und seiner Frau nicht zuzutrauen, dass sie sich selbst ihr Bild von ihrer neuen Konsumwelt machen würden, brachte sicher nichts. Und vielleicht würden sie viel schneller lernen, damit umzugehen, als ich. Ich verwechsle heute noch oft Glück mit Besitz, obwohl ich in einer konsumorientierten Welt aufgewachsen bin. Letztendlich drückte ich dem Herrn einen Zehn-CUC-Schein in die Hand und hoffte, dass er seine Geschichte mit dem Flachbildfernseher nicht irgendwann zum Geschäftsmodell für den kommenden Tourismus auf der Isla de la Juventud machen würde.

Das bringt mich wieder einmal auf meine zwiespältige Rolle als Tourist in diesem Land. Manchmal empfinde ich mich als giftigen Stachel im Fleisch des kubanischen Sozialismus. Eigentlich bin ich als Fotograf doch hauptsächlich Beobachter. Aber ich will auch verstehen, und das erfordert, sich ein- und unterzumischen, sich auf die Umgebung einzulassen, um eine eigene Perspektive zu entwickeln.

Kuba ist mit Sicherheit eine Insel im Aufbruch. Aber Aufbruch kann ja auch bedeuten, dass etwas aufbricht wie ein Samenkorn, aus dem der Keimling herauswächst. Altes wird verlassen und vergeht, Neues entsteht daraus. Auf Kuba könnte sich der in 60 Jahren des Sozialismus entstandene solidarische Gedanke als äußerst fruchtbare Tugend für die Zukunft erweisen. Eine verstaubte und überlebte Haut abzuwerfen, ohne sie als schändliche Vergangenheit zu betrachten, und dennoch die Augen vor der neuen, bereits nachwachsenden Haut nicht zu verschließen, das könnte die Aufgabe Kubas sein. Hoffentlich bleibt die Zahl der Verlierer möglichst gering.

Links und unten | Die Qual der Wahl: Diese Beamtin vor dem Schaufenster eines Bekleidungsgeschäftes für nationale Währung muss schon Glück haben, um etwas Passendes zu finden. Meist ist alles Verkäufliche schon in den Schaufenstern zu sehen, das Geschäft selbst ist nahezu leer.

KAPITEL 10

JOVEN Y REBELDE: REBELLEN EINST UND HEUTE

KAPITEL 10 | *Joven y rebelde:* Rebellen einst und heute

Kaum ein anderer Menschenschlag fasziniert mich – und nicht nur mich – so sehr wie die alten Menschen Kubas. Wer sonst strahlt so viel Gelassenheit und Souveränität aus wie diese Rentner, die teils wirklich, ganz dem Klischee entsprechend, im Schaukelstuhl sitzen und ihre Zigarren rauchen? Der Reichtum an Geschichten, die sie zu erzählen haben, ist unermesslich. Manche lebten vor der Revolution in deutlich besseren Verhältnissen, andere haben ihr Leben riskiert, um die Revolution zu unterstützen. Heute scheint das alles weit weg. Auf den *fiestas de juvilados*, den Rentnerfesten, tanzen die Alten und feiern das Leben – und so mancher Hüftschwung lässt mich als stocksteifen Europäer vor Neid erblassen.

Die Zukunft liegt aber auch auf Kuba in den Händen der Jugend. Und so sind es gerade die Träume und Perspektiven der jungen Generation, die mich seit Beginn meiner Kubareisen besonders interessieren.

Links | Was hat die heutige Jugend noch mit den Idolen und Idealen von früher zu tun? »El Che« ist auf Kuba Nationalheld und Popidol in einem. Die Jungen führen ein Leben im Sozialismus, umschlungen von den Tentakeln des Kapitalismus.

Unten | Zu den Feierlichkeiten des 26. Juli, dem Jahrestag des Angriffs auf die *Moncada-Kaserne* 1953, werden pflichtbewusst die Fahnen geschwungen. Wirkliche Freude ist aber erst zu spüren, als laute Tanzmusik ertönt und der Alkohol zu fließen beginnt.

DIE KUBANISCHE REVOLUTION

Einst waren auch die, die die große Revolution im Land ausgelöst und ausgefochten haben, jung und wild. Fidel und Raúl Castro, Che Guevara und Camillo Cienfuegos waren junge Männer, denen die Zukunftsperspektiven, die ihnen die damalige Welt zu bieten schien, nicht ausreichten. Bereits am 26. Juli 1953 griffen die Castro-Brüder zusammen mit über 100 Mitkämpfern unter anderem die *Moncada-Kaserne* in Santiago de Cuba an. Das war ihr erster Versuch, den Diktator Batista und sein korruptes, den USA zugewandtes Regime zu stürzen. Obwohl dieser Versuch scheiterte, gilt der 26. Juli 1953 noch heute als der eigentliche Beginn der Kubanischen Revolution und wird bis heute jährlich mehr oder weniger euphorisch gefeiert. M-26-7 ist auch der Name der Bewegung, die Fidel Castro während der Revolution gründete.

Ich selbst erlebte den 26. Juli 2010 in Baracoa und amüsierte mich sehr darüber, wie die Bevölke-

KAPITEL 10 | *Joven y rebelde:* Rebellen einst und heute

Rechts | Sehr ländlich leben die Menschen in den Bergen der Sierra Maestra, dem Ausgangspunkt der kubanischen Revolution. Fidel Castro stattete der »comandancia«, dem einstigen Hauptquartier der Rebellen, regelmäßig einen Besuch ab und beehrte die Bewohner der Dörfer mit seiner Anwesenheit.

Unten | Über das ganze Jahr verteilt gibt es immer wieder *fiestas de juvilados*, Rentnerfeste, bei denen Opa und Oma zeigen, dass auch in ihnen noch kubanisches Feuer brennt, und ihre Hüften schwingen, dass man als Europäer vor Neid erblasst.

Folgende Seite | Die Sierra Maestra ist eine der landschaftlich reizvollsten Gegenden Kubas. Das Gebirge ist weitläufig, wenig besiedelt und bot den Rebellen um Fidel Castro 1956–58 ein perfektes Versteck vor den Truppen Batistas.

rung dort scheinbar gelangweilt die Fahnen schwang, während auf einer Tribüne »revolutionäre« Reden geschwungen wurden, bis dann plötzlich Lachen und Leben über die Straßen hereinbrach, laute Musik erklang und das große Trinken, Tanzen und Feiern begann.

Für Raúl und Fidel Castro sowie 25 ihrer Mitkämpfer endete der Angriff erst einmal im Gefängnis *Presidio Modelo* auf der Isla de la Juventud. Castro und seine Männer waren allerdings nicht in einem der Gefangenentrakte untergebracht, sondern in der Krankenstation des Gefängnisses isoliert. Man fürchtete unter anderem, ihre revolutionären Gedanken könnten sich auf die anderen Insassen ausbreiten. Tatsächlich schrieb Fidel hier sein politisches Manifest »La historia me absolverá« – »die Geschichte wird mich freisprechen«. Die einzelnen Seiten dieses Manifests wurden klein zusammengefaltet in Streichholzschachteln nach draußen geschmuggelt und dort illegal vervielfältigt und verbreitet. Von den 15 Jahren Haftstrafe musste Fidel Castro aufgrund einer Generalamnestie nur 18 Monate absitzen. Danach zog er sich nach Mexiko zurück, um Ende November 1956 mit 81 Mitstreitern auf der Jacht *Granma* auf Kuba zu landen. Gleich nach ihrer Landung wurden sie aber auch diesmal angegriffen, und letztendlich gelang es nur wenigen Revolutionären, in die Berge der Sierra Maestra zu fliehen. Unter anderem mithilfe des charismatischen Comandante Ernesto »Che« Guevara gelang es ihnen, die kubanische Landbevölkerung auf ihre Seite zu ziehen und so in unglaublicher Geschwindigkeit ihre Anhängerzahl zu vergrößern. Sie schafften es in zwei Jahren Guerillakrieg, bis zum Jahreswechsel 1958/59 Fulgencio Batista und sein Regime in die Flucht zu schlagen. Die Sierra Maestra ist also nicht nur eines der landschaftlich reizvollsten Gebiete Kubas, sondern auch Ausgangspunkt der Kubanischen Revolution. Mit ihrem undurchdringlichen Unterholz bot sie den Rebellen perfekten Schutz vor Batistas Truppen. Fidel Castro stattete dem Gebirge noch bis vor einigen Jahren jährlich einen Besuch ab.

KAPITEL 10 | *Joven y rebelde:* Rebellen einst und heute

DIE REBELLEN VON DAMALS STERBEN WEG

Ich empfinde es als absolut nachvollziehbar, dass dieser Befreiungskampf, angeführt von einem Dutzend junger Menschen, bis heute die Gemüter in aller Welt mit Revolutionswillen befeuert. Die kubanische Jugend hingegen hat die Helden der Revolution lediglich als alternde, privilegierte Schicht der kubanischen Gesellschaft erlebt, die – mit hohen Ämtern oder materiellen Gütern ausgestattet – heute einen zufriedenen Lebensabend genießen.

2005 lernte ich in Matanzas Raúl kennen. Stolz zeigte er mir Bilder von damals, als er in den Bergen der Sierra Maestra Fidel Castros Truppen bei der Kubanischen Revolution unterstützte. Außerdem kramte er alte Revolutionszeitschriften heraus, über deren Witze er sich über 40 Jahre später immer noch königlich amüsieren konnte. Es versteht sich von selbst, dass die meisten dieser Witze sich über die Amerikaner lustig machten.

Raúl erzählte, dass er neben diesem Haus noch ein weiteres besitze, und fuhr mich außerdem in seinem alten Fiat-Polski spazieren. Das Auto war zwar winzig klein, doch Raúl gehörte immerhin schon damals zu den wenigen Kubanern, die ein eigenes Auto besaßen. Mittlerweile ist aber auch Raúl leider verstorben.

LEBENSLANGES VORBILD?

Ähnlich den Jesus-Abbildungen in christlichen Ländern, Buddha-Statuen im asiatischen Raum oder Assad-Konterfeis in Syrien, ist auf Kuba der verträumt-ernste Gesichtsausdruck Ernesto »Che« Guevaras auf der berühmten Aufnahme des Fotografen Alberto Díaz Gutiérrez allgegenwärtig. Dass sich der Argentinier nach der Revolution immer mehr von Castros Kurs abwandte und gnadenlos gegen jene Individualisten vorging, in deren Händen heute die Zukunft Kubas zu liegen scheint, wird nicht thematisiert.

Den Toten gebührt Ehre. Seit seinem Tod Ende November 2016 prangt auch Fidel Castros Antlitz auf vielen Plakaten und Wänden. Begleitet von zahlreichen seiner Zitate scheint er nun den Platz José Martís und Che Guevaras

Links | Ein Revolutionär der ersten Stunde: Raúl kämpfte einst an der Seite Fidel Castros in den Bergen der Sierra Maestra. Stolz zeigt er Fotos von damals und kramt alte Revolutionszeitschriften mit Witzen über die Amerikaner heraus.

Folgende Seite | Das Konterfei »Che« Guevaras ist auf Kuba allgegenwärtig. Sprüche wie »Vaterland oder Tod«, »Wir lassen uns unsere Geschichte nicht entreißen« oder »Immer bis zum Sieg« sind fester Bestandteil des Revolutionsjargons und auf vielen Hauswänden und Tafeln zu lesen.

NO PERMITIREMOS QUE NOS ARRANQUEN NUESTRA *Historia*.

UJC

PATRIA O MUERTE COMO EN GIRON

Hasta la Victoria Siempre

KAPITEL 10 | *Joven y rebelde:* Rebellen einst und heute

übernommen zu haben. Monatelang wurde unter dem Titel »Yo soy Fidel!«, »Ich bin Fidel!«, Castros Dienstabzeichen zusammen mit unzähligen Nachrufen im Fernsehen gezeigt. Annalia, die zweijährige Tochter eines kubanischen Freundes, braucht nur dieses Abzeichen zu sehen, um zu rufen: »Papa, mira Fidel!«, »Papa, schau, Fidel!« Mein Freund kommentierte dieses Verhalten nur trocken mit: »La pobre, está traumatizada!« – »Die Arme ist traumatisiert!«

Ein weiterer auf Kuba viel verehrter Held der Revolution ist Camilo Cienfuegos, der nach offizieller Version durch einen mysteriösen Flugzeugabsturz ums Leben gekommen sein soll. Auch sein Konterfei ist auf Münzen und Banknoten zu finden und ziert die Fassade des Informationsministeriums an der Plaza de la Revolución von Havanna. Da Camilo Cienfuegos bei uns Ausländern kaum bekannt ist, wurde ich bei meinen Vorträgen schon häufiger gefragt, warum denn an der Plaza de la Revolución neben Che Guevara auch das Porträt eines Taliban hänge. Geschuldet ist diese Verwechslung wohl dem Bart und dem Cowboyhut, der auf diesem Bild tatsächlich ein bisschen wie ein Turban wirkt.

Auch wenn die Schulkinder zu Ehren Cienfuegos an seinem Todestag heute noch kleine Blumensträußchen ins Meer werfen und »el Che« wie eine Pop-Ikone seinen Platz im kubanischen Leben hat, scheinen mir die Helden der Revolution und ihre Visionen im modernen Alltag Kubas keine besonders große Rolle mehr zu spielen.

Links | Seit dem Tod Fidel Castros werden immer mehr Bildnisse Che Guevaras gegen die Fidels ausgetauscht. Als ich an einem Berghang »Fidel vive«, »Fidel lebt«, las und ein paar Kubanern gegenüber scherzhaft anmerkte, uns habe man erzählt, er sei gestorben, antworteten diese augenzwinkernd: »Nein, nein, er lebt! Wie euer Jesus!«

Unten | Die Alphabetisierungskampagne gilt noch heute als eines der wichtigsten Aushängeschilder für den Erfolg der Revolution. Schulen gibt es selbst in entlegensten Dörfern. Die Schuluniform und eine Art Pionierhalstuch gehören dazu.

ERRUNGENSCHAFTEN DER REVOLUTION

Die wichtigen Errungenschaften der Revolution hingegen sind den Kubanern nach wie vor sehr wohl bewusst. Es sind Dinge wie das Gesundheitssystem: Die medizinische Versorgung ist für Kubaner kostenfrei und das medizinische Niveau ist – abgesehen von der veralteten Technik – sehr hoch. Die durchschnittliche Lebenserwartung der Kubaner gleicht der europäischer Länder, die Säuglingssterblichkeit ist die niedrigste in ganz Latein-

Oben | In der Apotheke bezahlen die Kubaner nur einen sehr geringen Anteil der Medikamentenkosten. Auch hier macht sich das Wirtschaftsembargo der westlichen Welt bemerkbar: Viele Medikamente oder Rohstoffe zu deren Herstellung sind nicht ständig verfügbar.

Rechts | Das Unvereinbare zu einen, scheint den Kubanern zu gelingen. Menschen, die gestern nicht einmal ein Telefon hatten, navigieren heute per GPS, zensierte Medien werden vom freien Internet überrollt.

amerika. Viele Kubaner sagen: »In den USA würde uns eine ärztliche Behandlung viel Geld kosten, hier auf Kuba nur ein Dankeschön!« Auch die Kosten für Medikamente übernimmt größtenteils das System. Ich habe allerdings gehört, dass sich auch hier mittlerweile das Embargo der westlichen Staaten bemerkbar mache, sodass viele Medikamente nicht mehr erhältlich seien. Kubanische Mediziner greifen deshalb vermehrt auf Naturheilmittel zurück. Das alte Wissen zahlt sich aus und in dieser Richtung wird viel geforscht. So manches traditionelle Naturheilmittel trat von Kuba aus seinen Siegeszug um die ganze Welt an. Auch rein homöopathische Apotheken gibt es in vielen Städten. Die meisten kubanischen Ärzte arbeiten sowohl mit schul- als auch mit alternativmedizinischen Mitteln und verschreiben Medikamente zum Wohle der Patienten, nicht zu dem der Pharmaindustrie.

Ein weiteres wichtiges Aushängeschild der Revolution war auch immer schon die Alphabetisierungskampagne. Bildung ist für Kubaner gratis – durchaus keine Selbstverständlichkeit in lateinamerikanischen Ländern. Schulen und Universitäten gibt es auf ganz Kuba verteilt, und jedes noch so arme Bauernkind hat die Möglichkeit, zu studieren. Leider scheint in den letzten Jahren ein Mangel an Lehrkräften zum Problem zu werden. Nur wenige junge Menschen sind bereit, für den spärlichen Lohn vom Staat zu arbeiten, wenn sie in der freien Wirtschaft oder im Tourismus gerade mit guten Englischkenntnissen das Zehn- bis Zwanzigfache verdienen können. Um dem entgegenzuwirken, werden junge Hilfslehrer im Schnellverfahren ausgebildet, wodurch das Bildungsniveau zu sinken droht. Der Staat versucht zwar, diese Entwicklung durch regelmäßige Lohnerhöhungen zu bremsen, aber so schnell, wie die Einkommen in der »befreiten« Wirtschaft steigen, kann er die Lehrergehälter gar nicht anheben. So gehen auch diese wichtigen Errungenschaften der Revolution nach und nach verloren.

ERRUNGENSCHAFTEN DER »NEUZEIT«

Obwohl offiziell nicht erhältlich, sind die neuesten technischen Erfindungen aus aller Welt meist schnell auch auf Kuba zu bekommen – wenn auch natürlich auf dem Schwarzmarkt und sehr viel teurer als bei uns. Das erste iPhone zum Beispiel hielt ich auf Kuba in Händen. Der stolze Besitzer hatte für das gebrauchte Gerät über 600 Dollar hingelegt – obwohl ein Smartphone dort damals mangels Internet überhaupt keinen Sinn machte. Mit der Zeit kam dann die Möglichkeit hinzu, über ein spezielles kubanisches System namens *Nauta* Textnachrichten zu versenden.

Seit 2015 gibt es auf ganz Kuba verteilt die ersten WLAN-Hotspots und inzwischen auch die ersten privaten Internetanschlüsse. Parallel entwickelt sich derzeit auch das Geschäft mit illegalen WLAN-Zugängen. Für ein lohnendes Trinkgeld schalten die Betreiber dieser illegalen Hotspots dem Kunden ihr gehacktes WLAN für eine Stunde frei. *Acceso limitado*, »beschränkter Zugang«, trifft also bald nur noch für die Menschen zu, die nicht über das nötige Kleingeld verfügen. Eine Stunde Internet mit dem eigenen Endgerät kostet derzeit etwa zwei Dollar, was bei einem staatlichen Durchschnittslohn von knapp

KAPITEL 10 | *Joven y rebelde:* Rebellen einst und heute

30 Euro im Monat sehr viel Geld ist. Trotzdem ist eine deutliche Veränderung zu spüren. Ich zum Beispiel bekomme seit Kurzem sehr viel regelmäßiger und häufiger E-Mails, teilweise sogar mit Bildanhängen, von meinen kubanischen Freunden. Zu abendlicher Stunde scheint sich die halbe Bevölkerung auf irgendeiner *plaza* mit WiFi zu versammeln, um die Möglichkeit eines Skype-Bildtelefonats oder der Pflege sozialer Netzwerke zu nutzen. Inzwischen ist man auch auf Kuba nicht mehr vor der verständnislosen Frage sicher, warum man nicht bei *Feibu* (Facebook) sei. Die Welt rückt immer dichter zusammen, endlich steht es Kuba frei, das weltweite Netz unzensiert zu nutzen.

Auch in dieser Hinsicht hat diese Insel also mindestens eine Entwicklungsstufe übersprungen: vom zensierten, staatlichen Fernsehen zum freien Internet, vom Leben ohne Telefon-, geschweige denn Internetanschluss zu WhatsApp und Satellitennavigation.

Links | *Acceso limitado*, beschränkter Zugang, war früher charakteristisch für kubanische Smartphones und das Internet. Heute gibt es WLAN-Hotspots und »el paquete«, raubkopierte Web-Inhalte, die allwöchentlich per Datenträger über die ganze Insel verbreitet werden.

Unten | Das CDR ist das Komitee zur Verteidigung der Revolution und fungiert als Nachbarschaftskomitee wie Augen und Ohren der Partei, ähnlich der Stasi in der DDR. Aber auch wirkliche Nachbarschaftshilfe wird vom CDR organisiert.

UNTER BEOBACHTUNG: DIE NEUEN REBELLEN KUBAS

Höchstwahrscheinlich ist auch der kubanischen Regierung bewusst, welch hervorragendes Instrument zur Überwachung das Internet darstellt. Das Komitee zur Verteidigung der Revolution CDR, eine Art kubanische Stasi, bekommt also Unterstützung aus der neuen Welt. Bisher sind es diese Nachbarschaftskomitees, die alles »herumzwitschern«, was in ihrem Umfeld passiert. Für mich als Westdeutschen war es zunächst eine neue Erfahrung, teilweise offenbar auf Schritt und Tritt beobachtet zu werden. Für uns Touristen bedeutet das aber auch einen gewissen Schutz. Wir sind die wichtigen Devisenbringer, denen nichts passieren soll, deshalb hat das CDR immer ein Auge auf uns. Vielleicht ist das ein Grund, warum Kuba als sicheres Reiseland gilt. Andererseits wird auch genauestens registriert, mit wem wir zu tun haben und wo wir uns bewegen.

KAPITEL 10 | *Joven y rebelde:* Rebellen einst und heute

Rechts | Am Malecón von Havanna verkauft Rastafari Yosvani (Rasta-Name: Ras-Eliazar) seinen selbst gemachten Schmuck. Er setzt sich für die Rechte der Angehörigen politischer Gefangener ein und träumt von einem freien Leben in den Bergen, näher bei »Jah«. »Mentira abajo«, »Nieder mit der Lüge«, hat er über das »Viva Fidel« geschrieben, das ihm Regierungstreue auf seine Mauer gepinselt hatten.

Unten | »Sion« oder »Zion« ist für die Rastafaris das gelobte Land Äthiopien ebenso wie das Paradies im Jenseits. Es steht für ein Leben ohne Unterdrückung, der sich die Rastafaris leider auch auf Kuba ausgesetzt sehen.

Auf meiner zweiten Kubareise 2005 hatte ich unter anderem Kontakt zu einigen »Konterrevolutionären« und wurde zum ersten Mal von der Migrationsbehörde vorgeladen. Ich versteckte sofort alle meine belichteten Diafilme unter dem Bett eines befreundeten Kubaners und begab mich zur *migración*. Man befragte mich nach meinen Kontakten auf Kuba, und als ich diese nur in sehr reduzierter Form preisgab, halfen mir die drei Beamten auf die Sprünge. Selbst den Namen eines Bauern, den ich ein paar Tage zuvor in den Bergen besucht hatte, nannten sie mir. Also war ihnen sicher auch der Name des Freundes bekannt, unter dessen Bett in diesem Moment meine Filme lagen. Mit weichen Knien verließ ich das Büro, war aber etwas beruhigt, als meine Filme am Abend immer noch an Ort und Stelle waren. Zu meinen wirklich kritischen Kontakten hatten sie offensichtlich keine Informationen, und selbstverständlich habe ich ihnen auch keine gegeben.

Mit der Zeit lernte ich, besser aufzupassen und die kleinen Regungen zu deuten. Bricht ein Gespräch plötzlich ab, läuft entweder eine schöne Frau vorbei, der alle hinterherschauen müssen, oder ein Spitzel nähert sich. Trägt jemand allzu dick auf mit seiner Kritik am Staat, könnte er mich zu kritischen Äußerungen provozieren wollen, um meine Gesinnung zu entlarven. Ein schmieriger amigo muss nicht unbedingt ein Bauernfänger sein, sondern wurde vielleicht auf mich angesetzt. Entspannter reist es sich mit diesem Wissen nicht, aber es erklärt auch viel vom Verhalten und dem Alltag der Kubaner.

YOSVANI UND DER TRAUM VOM FREIEN LEBEN IN DEN BERGEN

Auf meiner Reise 2005 lernte ich am Malecón von Havanna meinen mittlerweile langjährigen Freund Yosvani kennen. Bei bewölktem Abendhimmel versuchte ich ein paar Straßenszenen an der Uferpromenade zu fotografieren, aber irgendwie war die Luft raus, außerdem war ich etwas genervt davon, ständig angequatscht zu werden. Daher

Oben | Yosvani hat sich seinen Traum erfüllt und lebt jetzt in den Bergen der Provinz Guantanamo. Zwei Stunden Fußmarsch oder auf dem Pferderücken sind es bis zu seiner Hütte in der Wildnis. Dieser Gaul merkte leider, dass ein »gringo« auf ihm saß, und streikte.

Rechts | Bei einem ganz unwirklichen, gelben Licht streifte Yosvanis Freund Ras-Neno mit mir durch ihre neue Heimat. »Das ist der Ort, wo Rastaman lebt!«, meinte er ganz euphorisch und zeigte mir die unverfälschte Natur.

freute ich mich, dass mich der Dreadlock-Typ, der da auf der Ufermauer saß und offenbar den vor sich ausgebreiteten Schmuck verkaufen wollte, zwar beobachtete, aber in Ruhe ließ. Schließlich war ich es, der auf ihn zuging. Ich grüßte vorsichtig und er erwiderte meinen Gruß mit einem lang gezogenen »Selassie hai«, stieß dann mit seiner Faust gegen meine und hielt sie sich an die linke Brust. »Bist du Rastafari?«, fragte ich. Ich wurde auf Kuba schon öfter so begrüßt, aber er wirkte sehr echt und in sich ruhend. »Ja, Bruder, ich bin Rastafari, genau wie du!« »Ich bin kein Rastafari, ich trage nur Dreadlocks, morgen kann ich mir die Dinger abschneiden und bin dann immer noch derselbe!«, erwiderte ich. »Du bist mehr Rastafari, als du vielleicht weißt«, entgegnete er ruhig lachend. »Rastafari ist, was man denkt und lebt, und nicht, ob man Dreadlocks trägt!«

Die Rastafaris bilden eine eigene Subkultur auf Kuba. Äußerlich unterscheiden sie sich vor allem durch ihre Haarpracht und den Verzicht auf Fleisch und Alkohol vom Rest der Bevölkerung. Natürlich sind bei Weitem nicht alle Dreadlockträger Rastafaris. Auch gibt es verschiedene Bewegungen innerhalb

dieser Glaubensrichtung. Nicht alle verzichten komplett auf Fleisch und Alkohol, aber ein filzhaariger Jüngling, der Touristen auffordert, mit ihm in ein Lokal zu gehen, um ihm dort einen Cocktail auszugeben, ist wohl eher ein Mode-Rastafari als ein Verehrer des äthiopischen Kaisers Haile Selassie, der für die Rastafaris als Reinkarnation Jesu Christi gilt. Ohne ein Blatt vor den Mund zu nehmen, setzen sich viele Rastafaris für die Freiheit des Einzelnen ein und zählen mitunter dadurch oft zur illegalen politischen Opposition auf Kuba. Wird ein Rastafari von der Polizei erwischt, wie er sich mit einem Ausländer unterhält, kann er eine Anzeige *por peligro*, sinngemäß wohl »wegen Belästigung«, erhalten. Nach spätestens vier solcher Anzeigen wandert er dann ins Gefängnis, und das gleich für mehrere Jahre. Kann kein ordentlicher Grund für eine Haftstrafe gefunden werden, können den Rastafaris gern einmal ein paar Gramm Marihuana untergejubelt werden, was bei der strikten Drogenpolitik Kubas Grund genug für ein paar Jahre Untersuchungshaft sein kann.

Als ich Yosvani, dessen Rastaname Ras-Eliazar ist, 2010 wieder in Havanna besuchen wollte, hieß es: »Der lebt nicht mehr hier! Der hat sich seinen

Folgende Seite | Zu dritt versuchen Yosvani, seine Frau Omilsi und sein Freund Ras-Neno, in der wilden Bergwelt zu überleben, und pflanzen Obst und Gemüse an. Die Arbeit an den steilen Hängen ist hart und das Klima sehr heiß und feucht. Dennoch genießen sie die neue Freiheit.

Rechts | Bei Kerzenlicht wird der zuvor geerntete Mais geschält und auf einer durchlöcherten Blechdose, die als Reibe dient, zu Maismehl gerieben. Anschließend wird der Brei mit frischen Kräutern gemischt und im selbst gewonnenen Palmfett zu »fritura de mais« ausgebacken.

Unten | Omilsi, Yosvanis Frau, ist eigentlich ein Stadtmensch. Es sei schon eine große Umstellung, in dieser Abgeschiedenheit ohne fließend Wasser und Strom zurechtzukommen, gibt sie zu. Aber Kubanerinnen und Kubaner sind sehr anpassungsfähig.

Traum erfüllt und wohnt jetzt in den Bergen der Provinz Guantanamo!« Also besuchte ich ihn eben dort. Von der letzten bewohnten Siedlung waren es drei Stunden Fußmarsch bis zu seinem Domizil in den Bergen. Er lebte dort mit seiner Frau Omilsi und seinem Freund Ras-Neno. Zu dritt, manchmal mit Unterstützung weiterer »Brüder und Schwestern«, versuchten sie, sich weitgehend als Selbstversorger durchzuschlagen – näher bei *Jah*, wie Gott von den Rastafaris genannt wird. Sie pflanzten Obst und Gemüse an. Einen Teil ihrer Ernte nahm ihnen der Staat ab, wohl als eine Art Pacht. Den anderen Teil tauschten sie unten im Tal gegen Produkte ein, die oben in den Bergen nicht wuchsen, wie Reis, Zucker und Zwiebeln. Mehl gewannen sie aus Mais, der in der Höhe gedeiht, und auch Kokosnüsse kann man nicht nur aufschlagen und deren köstliches Wasser trinken. Aus ihnen gewannen sie das Fett zum Kochen und Braten.

Am Morgen nach meiner Ankunft streifte Ras-Neno mit mir durch die Berge und zeigte mir das riesige Grundstück. »Das ist der Ort, wo Rastaman lebt!«, meinte er euphorisch. »Ist dir schon aufgefallen, wie sauber das Wasser der Flüsse hier oben in den Bergen ist?« Das stimmte, im restlichen Land war das Wasser der Flüsse meistens eine ziemlich braune Brühe. »Das kommt daher, dass die Leute hier nicht versuchen, das kostbare Wasser für sich zu behalten, es nicht bremsen und stauen, sondern einfach fließen lassen. Das ist genau wie bei uns Menschen: Wenn wir etwas Kostbares mit aller Macht an uns ketten wollen, verschmutzen wir damit das Kostbare ebenso wie uns selbst. Nur wer es voller Vertrauen laufen lassen kann, wird dadurch belohnt, dass auch immer wieder etwas neues Kostbares nachkommt!«

Später erzählte mir auch Yosvani: »Noch nie habe ich mich so frei gefühlt. Klar haben die uns auch hier oben auf dem Kieker. Es war schon mal jemand während unserer Abwesenheit hier, hat uns ein anderer Bauer erzählt. Die warten doch nur darauf, dass wir einen Fehler machen, wie zum Beispiel Marihuana anzubauen. Marihuana hilft schon, um besser meditieren zu können oder schneller in Trance zu verfallen. Aber hier oben in dieser Natur, in dieser Freiheit, da geht das eben genauso gut ohne.

Oben | Als Strafmaßnahme mussten Yosvani, Omilsi und Ras-Neno ihr neues Zuhause in den Bergen wenigstens zeitweilig wieder verlassen. Immerhin konnte Omilsi so wieder für einige Zeit den Luxus eines Wasserhahns und des Lebens in der Stadt genießen.

Rechts | Nach langen Kämpfen haben Yosvani, Omilsi und Ras-Neno es inzwischen geschafft, ganz offiziell ihr Grundstück in den Bergen bewohnen zu dürfen, »mit Papieren und allem!«. Seit Kurzem wohnt sogar ihr erwachsener Sohn Neti bei ihnen in den Bergen.

Und wir sind bestimmt nicht so blöd und setzen wegen ein bisschen Hanf unsere neue Freiheit aufs Spiel.«

Ein paar Tage später begleitete mich Ras-Neno wieder hinunter ins Dorf. In der Zivilisation angekommen, vereinbarte er mit mir, dass wir nicht nebeneinander ins Dorf spazieren würden, sondern mit einem Abstand von mindestens 500 Metern. »Es braucht ja nicht jeder zu wissen, dass wir da oben Kontakt zu Ausländern haben.«

Dem kubanischen Staat war es aber wohl doch ein Dorn im Auge, dass die drei dort oben außerhalb permanenter Kontrolle ihr Leben genossen, und so griff er zu einem hinterhältigen Trick. Neti, Omilsis und Yosvanis fast erwachsener Sohn, war damals nicht mit seinen Eltern in die Berge gezogen, sondern in Havanna geblieben. Bei einer Razzia schob man ihm 30 Gramm Marihuana unter und er landete für zwei Jahre in Untersuchungshaft. Weil ihr Sohn in Konflikt mit dem Gesetz gekommen war, sprach man auch Omilsi und Yosvani das Recht auf eigenes Land ab, sie mussten die Berge verlassen.

Aus diesem Grund traf ich Yosvani ein paar Jahre später wieder in Havanna. Neti war mittlerweile wieder auf freiem Fuß, musste aber noch eine Art

Bewährungsstrafe auf staatlichen Feldern abarbeiten. Ihren Humor hatte die Familie durch all die schlimmen Ereignisse aber nicht verloren. Yosvani meinte: »Weißt du, die haben immer behauptet, ich sei ein Konterrevolutionär, dabei wollte ich doch nur in Frieden und in Respekt vor allem Leben dort oben in den Bergen sein. Jetzt haben sie mich wirklich zu ihrem Gegner gemacht!«

2015 war Yosvani Präsident einer landesweiten Menschenrechtsorganisation geworden, die sich für die Angehörigen von politischen Gefangenen einsetzt. Humanitäre Arbeit dieser Art ist immer noch sehr gefährlich auf Kuba. Zwei »actos de repudio« (»Ausstoßungsakte«) hatte mein Freund bereits hinter sich. Bei einem solchen Akt versammeln sich vermeintlich aufgebrachte Bürger vor seinem Haus, brüllen Parolen und beschmieren die Hauswände mit irgendwelchen Revolutionssprüchen. Yosvani wurde mit Steinen beworfen und verprügelt. Man zog ihm einen Sack über den Kopf, bedrohte ihn mit einer Pistole und zerrte ihn in ein Auto. Dann ging es in die nahe gelegenen Berge, wo man ihn bis auf die Unterhose entkleidete und unter der Ermahnung, das nächste Mal komme er nicht so glimpflich davon, halb nackt wieder nach Hause laufen ließ. Auf diese Weise soll der Bevölkerung klargemacht werden, dass es

sich bei dem Betroffenen um einen Feind der Revolution handelt, den es zu meiden gilt. In Yosvanis Fall stellten sich seine Nachbarn beim nächsten Besuch dieses Mobs allerdings vor sein Haus und beschützten ihn mit den Worten: »Lasst den in Ruhe! Das ist der Einzige, der hier im Viertel etwas für uns tut!«

Yosvani schrieb inzwischen in einem Internet-Blog. Einmal die Woche hatte er Internetzugang in der schwedischen Botschaft. Das bedeutete für ihn und andere politisch Aktive einen gewissen Schutz. Seit der Staat wusste, dass sie mit der ausländischen Presse in Kontakt standen oder im Internet veröffentlichten, war er vorsichtiger geworden. Man wollte sich nicht noch mehr Menschenrechtsverletzungen zuschulden kommen lassen. »Erzähle ruhig jedem, dass du bei mir warst, Bruno. Ich habe das Versteckspiel satt!«, meinte Yosvani diesmal.

Am Malecón lief ein Erdnussverkäufer vor uns auf und ab. Yosvani erklärte mir, das sei auch ein *chivaton*, ein Spitzel. Er habe früher ohne Lizenz Erdnüsse verkauft und sei dabei mehrfach erwischt worden. Dann habe es geheißen: »Jetzt arbeitest du für uns oder du gehst in den Bau!« Er sei ein einfacher, aber eigentlich ein guter Mann. Als ich mich für eine Weile von Yosvani entfernte, um zu fotografieren, trat der Erdnussverkäufer an Yosvani heran. Auch ich näherte mich wieder. Er zischte zu Yosvani: »Was erzählst du dem alles? Sei bloß vorsichtig!« Darauf lachte Yosvani laut auf und antwortete nur: »Das ist Bruno, mein Bruder. Der weiß sowieso schon alles, auch, für wen du arbeitest. Vor dem brauchst du dich nicht zu verstecken!« Völlig verdattert blickte der Mann von einem zum anderen und machte sich dann wortlos aus dem Staub.

Vor Kurzem hat mich Yosvani hier in Deutschland angerufen und gefragt: »Hey Bruder, kannst du mir eine Motorsäge mitbringen?« »Wozu brauchst du denn eine Motorsäge in Havanna?«, fragte ich erschrocken. »Wir leben jetzt wieder in den Bergen, Bruder!« Erstaunt erkundigte ich mich, ob sie denn nun in Ruhe gelassen würden dort oben. »Ja, ja«, teilte er mir mit, »wir leben hier jetzt mit Vertrag und allem Drum und Dran!« »Was? Wie habt ihr denn das geschafft?«, wollte ich wissen. »Ich sollte mit meinen Aktivitäten aufhören, dann würde ich mein Land in den Bergen zurückbekommen, hieß es.« »Aufhören mit was?«, hakte ich nach. »Mit deiner Arbeit für CAPPF, diese Menschenrechtsorganisation?« »Bruder, du weißt, dass wir Zuhörer haben, aber ja, so ungefähr.« Durch seine Unbeugsamkeit hatte Yosvani also schließlich zurückbekommen, was er eigentlich wollte: sein Leben in der Bergen.

Links | Omilsis und Yosvanis Sohn Neti 2005 und 2015. In der Zeit zwischen beiden Bildern saß er für zwei Jahre in Untersuchungshaft. Er war mit 30 Gramm Marihuana aufgegriffen worden, die man ihm, wie er versichert, untergeschoben habe – eine Taktik, die der Staat offenbar häufiger einsetzt, um Rastafaris einzuschüchtern.

Links | Grenzenlose Freiheit? Berge bis zum Horizont und nur ganz wenige Anzeichen menschlicher Zivilisation – an einem solchen Ort zu leben, mag auch für so manchen Europäer ein verlockender Gedanke sein. Mit einer 40-Stunden-Arbeitswoche ist es hier allerdings nicht getan.

KAPITEL 11
WAS IHR WOLLT: MUSIK FÜR TOURISTEN UND STAATLICHE SUBVENTIONEN

MAXIMO TRÄLLERT VOLKSLIEDER FÜR TRINIDADS TOURISTEN

Nirgendwo auf Kuba habe ich so stark den Eindruck, dass wir Touristen uns hier durch eine Art Freilichttheater bewegen, wie in Trinidad. Das Stück, das aufgeführt wird, heißt: »Der karibische Traum vom Sozialismus«. Trinidad ist eine der ersten Städte Kubas, die gezielt für den Tourismus hergerichtet wurden, und steht auf der UNESCO-Welterbeliste. Man wandelt durch kopfsteingepflasterte Gässchen, vorbei an bunten Kolonialhäuschen mit Holzgittern vor den Fenstern und Veranden mit Schaukelstühlen, auf denen Zigarren rauchende alte Männer und Frauen sitzen. Überall gibt es Live-Musik und Tanzgelegenheiten. In einer Höhle oberhalb der Stadt existiert sogar eine Diskothek. In der *Casa de la Trova* spielen abends Musikgruppen für uns Touristen auf. Tagsüber kann man das Haus besichtigen.

Als ich daran vorbeilief, hörte ich das Zupfen auf einer Gitarre und eine brüchige Stimme, die zwar nicht jeden Ton genau traf, aber eines der alten Volkslieder sang, die wir Ausländer so gerne hören. Ich lugte durch die blauen Holzgitterstäbe und sah einen kubanischen Musiker wie aus dem Film *Buena Vista Social Club* sonnengegerbte Haut, sauberes weißes Hemd, einen Strohhut auf dem Kopf und eine alte Gitarre vor dem Bauch. Nur die Zigarre im Mundwinkel fehlte noch, um das Klischee zu vervollständigen! Er grinste mich freundlich an, und als ich grüßte, bat er mich herein. Stolz zeigte er mir seine CD, die er im Stapel neben sich auf dem Fenstersims liegen hatte. »Zehn von den Touristenscheinchen kostet die.« »Sehr schön!«, sagte ich. »Mein Sohn lebt in den USA, der hat mir die CD machen lassen.« Auf dem Cover las ich, dass der freundliche Herr Maximo hieß. Ich stellte mich ihm vor. »Maximo, stammst du aus Trinidad?« »Ja, ja«, bestätigte er, »ich bin von hier. Früher habe ich alles Mögliche gemacht, auf den Feldern gearbeitet und so. Musiker war ich früher nicht. Ich konnte immer ein wenig Gitarre spielen und singen. Jetzt mit der CD ist das aber ein gutes Geschäft. Touristen wie du kom-

Links | In der *Casa de la Trova* in Trinidad trällert Maximo die alten Volkslieder, die wir Touristen so gern hören. Er sei nie wirklich Musiker gewesen, aber das Geschäft mit dem Verkauf seiner CDs an Touristen laufe gut.

Unten | Selten sind die Plätze Trinidads so leer, dass ein Urgroßvater mit seinem Urenkel ruhig über den Platz schlendern kann. Dafür hat sein Urenkel hier Zukunftsperspektiven wie sonst an nur wenigen Orten Kubas. Der Tourismus schafft Arbeitsplätze und Einkommen.

Links | Ein Blick über den Stadtrand der UNESCO-Welterbe-Stadt Trinidad auf die Berge der Sierra del Escambray. Die Stadt liegt sehr abgeschieden und ist nur über kleine Straßen zu erreichen. Umso mehr erstaunt es, welch reges Treiben den Besucher nach stundenlanger Fahrt auf der Landstraße erwartet.

Oben | Besuch vom Land: Dieser Herr besucht Freunde in der Stadt. Mit seinem Pferd und seiner Kleidung ist er ein gefundenes Fressen für fotohungrige Touristen. Wann immer möglich, sollte man aber vor dem Fotografieren um Erlaubnis fragen!

Rechts | Ein Gewitter bahnt sich an, die Straßen sind wie leer gefegt. Wer je einen kubanischen Wolkenbruch erlebt hat, kann sich vorstellen, wie sich das malerische Kopfsteinpflaster Trinidads innerhalb kürzester Zeit in einen Gebirgsbach verwandelt.

men hier vorbei, hören und sehen mich, wollen mich fotografieren und kaufen mir dann auch meistens noch eine CD ab. Hier verdiene ich an einem Tag so viel wie früher im ganzen Monat.« Ich gönnte ihm sein spätes Glück von Herzen. Und obwohl mich seine Musik nicht gerade vom Hocker riss, kaufte auch ich ihm eine CD ab. Immerhin hatte ich ihn ja auch fotografiert.

RESPEKTVOLLER UMGANG MIT EINHEIMISCHEN

Ich halte es für enorm wichtig, dass wir Touristen und Fotografen uns respektvoll verhalten und zumindest versuchen, unseren Mitmenschen überall auf Augenhöhe zu begegnen. Wir müssen uns immer wieder bewusst machen, dass wir in touristischen Gebieten bestimmt nicht die Ersten sind, die mit der Kamera bewaffnet auf Motivjagd gehen. Von Zeit zu Zeit leite ich »Fotoreisen«. Fotobegeisterte können mit mir durch Kuba fahren, um unterwegs

ihre fotografische Technik zu verbessern, oder einfach nur, um mit Gleichgesinnten Kuba auch einmal von der fotografischen Seite kennenzulernen. Dabei lege ich großen Wert darauf, meinen Mitreisenden zu vermitteln, dass man vor dem Porträtieren von Menschen nach Möglichkeit um Erlaubnis fragt. Natürlich ist es oft nicht möglich, erst um Erlaubnis zu fragen, nicht zuletzt weil man sonst die abbildungswürdige Situation zerstören würde. Meist kann man heutzutage aber auch im Nachhinein das Bild auf dem Display der Kamera zeigen und fragen, ob man es behalten darf. Manchmal verlangen Kubaner einen CUC dafür, sich ablichten zu lassen. Den muss man dann einfach bezahlen oder eben auf das Bild verzichten! Ich merke oft, dass es meinen Mitreisenden – insbesondere denen, die kein Spanisch sprechen – anfangs schwerfällt, um Erlaubnis zu fragen. Und in den ersten Tagen zeigt man sich auch noch gegenseitig nur die Bilder der Porträtierten. Aber schon bald zeigen wir uns keine Bilder mehr, sondern erzählen uns die netten Geschichten, die wir erlebt haben, als wir um Erlaubnis gefragt haben. Manchmal wird man ins Haus gebeten, wo stolz der Nachwuchs präsentiert wird, oder die alte Oma wird auf die Straße geholt, um

auch sie fotografieren zu lassen. Ein Bild, das einem willentlich überlassen wurde, hat durch den persönlichen Kontakt zu der abgelichteten Person später zu Hause einen ganz anderen ideellen Wert. Außerdem kann man über ein erklärendes »Schau, so sehen die da aus« hinaus eine kleine Geschichte zu jedem Foto erzählen.

Vielleicht lässt sich durch ein Grundmaß an Höflichkeit und Respekt auch die Genervtheit etwas mindern, die in den touristischen Ecken Kubas auf beiden Seiten deutlich zu spüren ist. Wir Touristen sind genervt, weil die Kubaner scheinbar für jede Kleinigkeit Geld verlangen, und die Kubaner sind genervt, weil sie nicht einfach in Ruhe vor ihrem Haus sitzen können, ohne dass ständig ein Tourist vorbeikommt und sie fotografiert.

Dennoch sind wir sehr wichtig für die Kubaner und die kubanische Wirtschaft. Urlaub auf Kuba zu machen und dort Geld auszugeben, ist eigentlich auch eine Art Wirtschaftsförderung, denn der Tourismus ist einer der wichtigsten Wirtschaftsmotoren und Devisenbringer Kubas.

Links oben | In Trinidad und Umgebung werden kunstvoll bestickte Textilien feilgeboten. Die Damen fertigen diese Verkaufsschlager in sorgsamer Handarbeit an.

Links unten | Am schönsten ist die Zeit kurz vor und während des Sonnenaufgangs. Während die Stadt noch zu schlafen scheint, ist dann das Licht besonders schön.

Unten | Kuba, Insel der Traumstrände? Die Strände von Maria la Gorda, Guardalavaca, Cayo Coco und vor allem von Varadero sind weltbekannt. Einsam ist es hier jedoch eher selten.

TOURISMUS UND SIGHTSEEING: STRÄNDE

Wer auf sozialistische Betonbaukunst steht, ist auf Kuba genau richtig! Kaum ein touristisches Highlight, das die Kubaner nicht mit einem Gebäude aus Stahlbeton, einer Skulptur aus »kubanischer Bronze« (Beton) oder zumindest einem Gemälde auf einer Betonwand bereichern. Dass wir Ausländer oft schon mit einem sauberen Strand und einer schönen Altstadt zufrieden wären, ist eine andere Sache. Kuba ist aber gerade für seine schönen Küsten bekannt. Die Strände von Maria la Gorda, Cayo Levisa, Guardalavaca und vor allem von Varadero sind weltbekannt und dadurch alles andere als einsam. Es gibt aber auch die einsamen Strände, wo sich Kokospalmen schräg über den Strand dem Wasser zuneigen und der weiße Sand in das kristallklare, türkisgrüne Wasser übergeht, ob auf der Kari-

Links | Der *Torre de Iznaga* (Sklaventurm) im Valle de los Ingenios, dem Tal der Zuckermühlen, diente einst dazu, die Sklaven mit einer Glocke zur Arbeit zu rufen und bei der Arbeit zu überwachen. Heute ist er ein beliebtes Ausflugsziel für Kubareisende und Arbeitsplatz fliegender Händler.

bik- oder der Atlantikseite, macht dabei kaum einen Unterschied. Auf unserer Tandemreise 2002 radelten wir viel an der Küste entlang und entdeckten immer wieder solche Strände – allerdings bei Weitem nicht so häufig, wie man vielleicht erwarten würde. Wirklich einsame Palmenstrände sind nämlich oft gar nicht so einladend! Der Strand ist bedeckt von abgefallenen Palmblättern und halb verfaulten Kokosnüssen, Treibgut und Seetang liegen herum. Sandflöhe tun das ihre dazu, dass man sich hier nicht allzu lange aufhalten möchte. Zum Glück zieht es mich aber nicht wegen der Strände nach Kuba, obwohl auch ich gern einen Badestopp einlege, um genau dort baden zu gehen, wo auch die Kubaner sich aufhalten, denn das ist meist sehr amüsant. Während wir Ausländer uns für gewöhnlich am Strand in der Sonne räkeln, verbringen Kubaner eigentlich die ganze Zeit im Wasser. Selbst der Sonnenschirm wird im Wasser aufgebaut. Gegessen wird bis zum Bauch im Wasser stehend und Rum lässt sich sogar noch trinken, wenn nur der Kopf aus dem Wasser ragt. Wir möchten Sonne tanken, die Kubaner die Kühle des Meeres.

Links | In den mondänen alten Hotels, die es gerade in den größeren Tourismusorten noch gibt, lässt sich die einzigartige Atmosphäre Kubas ebenso genießen wie an den Stränden zum Sonnenuntergang. Wer keinen westlichen Standard oder gar deutsche Pünktlichkeit erwartet, ist dabei klar im Vorteil.

Unten | Die junge Band *Allaggemma* setzt dem Trubel Trinidads wohltuend ruhige Musik entgegen. Sie spielt in verschiedenen Restaurants der Stadt für die Besucher. Zwischendurch geht jemand mit dem Hut herum oder verkauft CDs.

DIE BAND *ALLAGGEMMA* AUS TRINIDAD

Die Vielfalt und Verschiedenartigkeit der Genüsse macht das Leben bunt – auch in der Musik. Während Maximo die Touristen mit alten Volksliedern anlockte, lernte ich in Trinidad in einem Dachterrassenrestaurant eine junge Band namens *Allaggemma* kennen, die dort für uns Touristen aufspielte. Diese machte eine ganz besondere, sehr schöne und ruhige Musik. Die Musiker erzählten, dass ihnen erst der Tourismus ermöglicht habe, ihre musikalischen Ideen zu entwickeln – wie sonst sollten sie ihr Leben als Musiker in dieser teuren Stadt finanzieren? Tourismus sorgt also nicht nur für Devisen und saubere Strände, sondern auch für die Weiterentwicklung der Musik.

Links | Während wir Touristen an den Strand gehen, um Sonne zu tanken, kommen die Kubaner ans Meer, um sich den ganzen Tag im Wasser abzukühlen. Dabei wird der Sonnenschirm ebenso im Wasser aufgebaut, wie das Picknick dort verspeist wird.

KAPITEL 11 | Was ihr wollt

LA LIBRETTA: DER STAATLICHE BEZUGSSCHEIN

Rechts | Das *libretta* ist ein kleines Büchlein, das jeder Kubaner besitzt. Es dient als Bezugsberechtigung. Darin sind die monatlichen Rationen an subventionierten Waren aufgeführt, die jedem Kubaner zustehen.

Unten | In der *bodega* kann man sich mit dem *libretta* die stark vergünstigten Produkte abholen. Die Waren, die es auf Bezugsschein gibt, reichen heutzutage maximal einen halben Monat. Was danach noch benötigt wird, muss teuer auf dem freien Markt eingekauft werden.

Auch im eigentlich touristischen Trinidad gibt es noch immer *bodegas*. Das sind die staatlichen Läden, in denen Einheimische stark subventionierte Lebensmittel und Waren kaufen können, teilweise unter Verwendung der *libretta*, des staatlichen Bezugsscheins. Die *libretta* ist ein kleines Büchlein, in dem die Rationen aufgelistet sind, die man sich einmal im Monat stark vergünstigt in der bodega abholen kann. Jeder Kubaner hat so eine libretta. Dieses Subventionierungssystem kostet den Staat viel Geld, das er eigentlich nicht mehr hat, weshalb die Rationen immer weiter gekürzt und für bestimmte Produkte ganz gestrichen werden. Das Grundnahrungsmittel Nummer eins auf Kuba, der Reis, wird heutzutage zum allergrößten Teil importiert. Für die Bevölkerung ist der Preis für eine *libra* (ein Pfund) Reis der Maßstab für die Preissteigerung im Land. Zwar können sie sich mit ihrer *libretta* noch regelmäßig Reis in einer *bodega* abholen, diese Ration reicht oft aber höchstens ein bis zwei Wochen. Den Rest des Monats muss man sich anderweitig versorgen. Oft ist der Reis aber auch nur noch auf dem freien Markt erhältlich und – insbesondere in Phasen der Knappheit – in Devisen bzw. CUC, der Touristenwährung, zu bezahlen. Heute sind die Regale in den *bodegas* meist fast leer. Wie ich hörte, sollen sie zu Zeiten der Unterstützung durch die Sowjetunion hingegen reichlich mit subventionierter Ware gefüllt gewesen sein. Neben dem Untergang der Sowjetunion macht sich offensichtlich auch hier das Wirtschaftsembargo der westlichen Staaten bemerkbar. Warum dieses weitreichende Embargo noch immer besteht, ist mir nicht begreiflich – angeblich wegen des menschenrechtsverachtenden Systems auf Kuba. Angesichts der Tatsache, dass die westliche Welt Regierungen sogar mit Waffen unterstützt, bei denen Menschenrechtsverletzungen in viel größerem Umfang zum Alltag gehören, scheint das schwer nachvollziehbar. Unter einem solchen Embargo leiden vor allem dieselben Menschen, deren Rechte von zweifelhaften Regimen untergraben werden.

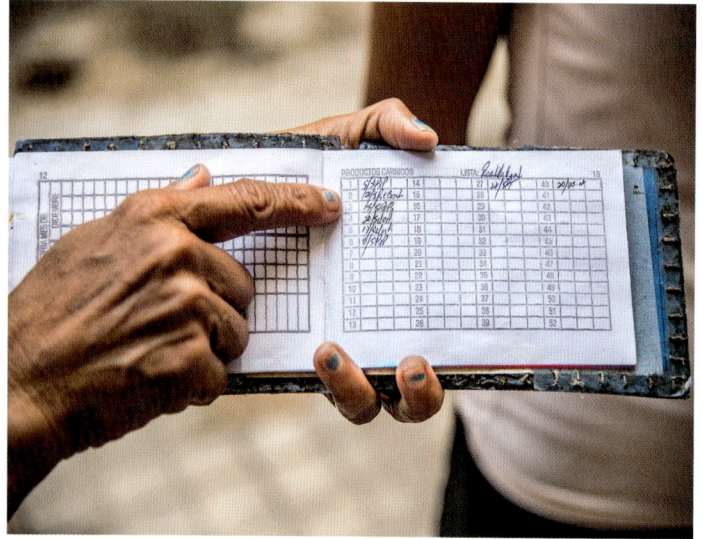

KAPITEL 12
SALSA SANTIAGERA: DIE MAGIE DES OSTENS

KAPITEL 12 | Salsa Santiagera: Die Magie des Ostens

TANZMUSIK AUS DEM HEISSEN OSTEN:
LA JUGADA

Von den Einheimischen wird »el caiman« – die Form Kubas erinnert an einen Kaiman – unterteilt in den *oriente*, den Osten, und den *occidente*, den Westen des Landes. Der landläufigen Meinung der Kubaner zufolge, sollen die Bewohner des Ostens heißblütiger sein als die Menschen im Westen. Was auch immer man von solchen Pauschalaussagen halten will, rein demografisch ist im Osten auf jeden Fall der Anteil der Menschen afrikanischer Abstammung höher als im Westen, was sich in gewissen kulturellen Unterschieden niederschlagen mag. Havanna ist laut, schnell und quirlig. Und Santiago im Osten? Auch Santiago ist laut, schnell und quirlig ... aber auf eine irgendwie andere Weise. Auf mich wirkt Santiago verspielter, weicher und geschmeidiger. Das mag aber auch daran liegen, dass die zweitgrößte Stadt Kubas gerade mal ein Viertel der Einwohnerzahl Havannas beherbergt. Obwohl auch Santiago direkt am Meer liegt, scheint das Meer hier keine so entscheidende Rolle zu spielen wie in der Hauptstadt. Noch besitzt Santiago auch keine Uferpromenade wie den Malecón, auch wenn eine solche bereits geplant ist. Entsprechend sitzen die Menschen hier nicht allabendlich auf einer Mauer und blicken aufs weite Meer hinaus, sondern man trifft sich auf einer der zahlreichen Treppen und blickt von dort über die Stadt hinweg.

Die Stadt hat mehrere Musikschulen, unter anderem eine weltbekannte Son-Schule. Dadurch sieht und hört man hier Musiker auch einmal für sich ganz alleine spielen und nicht immer nur für Touristen. Auf einem meiner Streifzüge durch die Stadt hörte ich in einem Park Trompetenklänge. Ich setzte mich ein Stück abseits im Schatten eines Baumes auf eine Parkbank, um zu lauschen. Es schien ein klassisches Stück zu sein, und die beiden Trompeter brachen immer wieder ab und besprachen sich, um dann von Neuem anzusetzen. Als sie ihre Probe beendet hatten und ihre Instrumente einpacken wollten, bat ich um die Erlaubnis, sie fotografieren zu dürfen. Darüber

Links | Das *Seminario San Basilio Magno* überragt gewaltig seine Umgebung. Auch in Santiago wird auf Teufel komm raus saniert. Neben den herausgeputzten architektonischen Perlen wirken die maroden nicht sanierten Gebäude allerdings noch baufälliger.

Unten | In Santiago de Cuba gibt es einige weltbekannte Musikschulen. Nach Musikern muss man hier nicht lange suchen. Sie proben am Straßenrand oder sitzen auf Parkbänken und spielen vor sich hin.

Links | Eine Straßenszene aus Santiago: Unter dem Netz an Strom- und Telefonkabeln spielt sich der gesellige Alltag einer kubanischen Großstadt ab. Da Autos auf Kuba rar sind, eignen sich die meisten Straßen auch als Spiel- und Sportplatz.

Oben | Sehr laut, aber auch sehr diszipliniert geht es auf der Probe der Salsa-Band *La Jugada* zu. Direktor Alejandro (im Vordergrund) unterbricht immer wieder das Stück, um Anweisungen und Korrekturen in den Raum zu rufen.

Rechts | Ein kräftiger Bläsersatz und eine treibende Rhythmussektion sind wichtige Säulen der Salsa-Musik. Nicht selten widmen sich vier bis fünf Musiker nur der Percussion. Kein Instrument, egal wie klein, ist dabei klanglich und technisch zu unterschätzen.

kamen wir ins Gespräch. Beide besuchten eine staatliche Musikschule, und einer von ihnen, Douglas, erzählte, dass er auch in einer Salsa-Band spiele. Ob ich nicht mitgehen wolle zur Bandprobe an diesem Nachmittag. Das machte ich natürlich gern. Ich zog mit Douglas durch die Straßen Santiagos bis hin zu einem alten Kolonialhaus. Schon von Weitem hörten wir Trompetenklänge und ein lautes Schlagzeug. Die Probe hatte offenbar bereits begonnen, Douglas war zu spät. Alexis, der Direktor der Band, die sich *La Jugada* nannte, fuhr ihn an, begrüßte mich aber freundlich. Sofort reihte sich Douglas neben einem anderen Trompeter ein und es ging los. Alexis spielte zwar unter anderem auch Bass bei *La Jugada*, fungierte während dieser Probe aber hauptsächlich als Dirigent. Mit lauten Kommandos und Gesten signalisierte er den verschiedenen Musikern ihre Einsätze. Immer wieder unterbrach er das Stück, um laut über das falsche Spiel der Band zu schimpfen: »Nicht bahm, bahm, bahrahm! Bamm, bamm, baramm! So geht das!« Für mich klingt Salsa immer ein wenig so, als würde jeder spielen, was er will. Keiner scheint sich an irgendwelche Regeln zu halten, und am Schluss passt doch alles zusammen. Dass dieser Eindruck täuscht, erlebte ich bei dieser Probe. Es ging sehr diszipliniert zu. Die Percus-

KAPITEL 12 | Salsa Santiagera: Die Magie des Ostens

sionisten waren junge, gut gebaute Männer, deren freie Oberkörper vom Schweiß glänzten wie geölt. Der ältere Trompeter hatte immer ein Handtuch auf der Schulter oder auf seinem kahlen Haupt, um sich den Schweiß abzuwischen. Am entspanntesten wirkten die beiden jungen Sängerinnen. Hier wurde gearbeitet wie auf einem Sportplatz, und obwohl Fenster und Türen weit offen standen, war die Luft zum Schneiden. Draußen brannte die kubanische Nachmittagssonne. Niemand kam auf die Idee, sich zu beschweren, dass jemand am helllichten Tag in einem engen Wohngebiet eine laute Bandprobe abhielt. Der Schall drang durch alle Gassen in der Nachbarschaft und lockte sogar Leute an. Immer wieder versammelten sich ganze Grüppchen vor der offenen Türe und manche begannen sogar zu tanzen. Ein Fleisch gewordenes Kuba-Klischee! Außer mir gab es weit und breit keinen Touristen, der all das hätte hören und sehen können. Das war genau der Grund dafür, warum an diesem Moment einfach alles stimmte. Wie so oft war ich dankbar, ihn miterleben zu dürfen. »Gracias por la musica!«, war daher auch nach dieser Probe mein kurzer, aber herzlicher Kommentar zu den Musikern. Noch bevor sich alle von dieser Kraftmusik erholt hatten, wurde ich schon mit Fragen überschüttet. Bis dahin hatten mich alle nur gesehen und beim Fotografieren beobachtet, was ihre Neugier geschürt hatte. Wenigstens hatte ich mit den Zuckungen durch die Stromschläge, die mir die blanken Kabel an den Wänden verpassten, schon etwas zur allgemeinen Erheiterung beigetragen. Das passiert mir auf Kuba immer wieder: In engen Proberäumen krieche ich beim Fotografieren an den Wänden entlang, wo gemeingefährliche Elektroinstallationen auf mein nass geschwitztes T-Shirt treffen. Wer ich sei und was ich hier machte, wollten sie wissen. Wie immer musste ich ihre Hoffnungen, ich könne ihr Sprungbrett zu internationalem Erfolg sein oder einen Beitrag über sie in einem der internationalen Musikmagazine platzieren, im Keim ersticken. Aber dass ich mich ernsthaft für die kubanische Musikszene einschließlich *La Jugada* interessierte, reichte ihnen schon, um mich mit herzlicher Wärme zu überschütten.

Links | Im heißen Kuba kommt eine Bandprobe Hochleistungssport gleich. Obwohl die Tür zum Proberaum weit geöffnet ist, sind spätestens nach drei Stücken alle nass geschwitzt und die Luft steht in dem schmalen, langen Raum.

Unten | Die Bandprobe findet mitten am Tag und mitten in einem dicht bebauten Wohngebiet statt. Anwohner und Passanten schauen ab und zu interessiert herein und manche beginnen sogar, auf der Straße zu tanzen.

Oben | Das Spiel der Straße auf Kuba ist Domino. Es wird überall rund um die Uhr gespielt. Meist gesellen sich einige Zuschauer um den Spieltisch, um die Spielzüge lautstark zu kommentieren.

Rechts | Früh übt sich, wer eines Tages die Männer besiegen will. Ein Großvater bringt seinen Enkelinnen das Dominospiel bei, das wesentlich komplizierter ist, als es auf den ersten Blick aussieht. Gute Dominospieler wissen genau, welcher Stein noch im Depot der Gegner lauert.

DOMINO: DAS SPIEL DER STRASSE

Wie überall auf Kuba wird auch auf Santiagos Straßen von Jung und Alt, Mann und Frau und von früh bis spät Domino gespielt. Meist wird ein solches Spiel von ein paar Zuschauern verfolgt, die zwischendurch lautstark kommentieren, welcher der Spielzüge gerade wieder richtig oder falsch war. Domino ist ein sehr strategisches Spiel und geübte Spieler sowie Zuschauer wissen genau, welcher Stein schon gespielt wurde und welcher noch im Depot eines der Spieler lauert. So ein Dominostein wird nicht sachte auf den Tisch gelegt. Jeder Stein wird mit großer Geste und einem lauten »Batsch«, zusammen mit einem saftigen Seitenhieb auf den Gegner, auf den Tisch geknallt. Wahrscheinlich sind es gerade diese Sprüche, die die Passanten so magisch anziehen.

Wer sein Zimmer zufällig in der Nähe eines Dominotisches hat, sollte sich darauf einstellen, dass an Schlaf nicht zu denken ist, solange draußen gespielt wird! Aber das macht viel von Kubas Reiz aus. Für mich sind es nicht unbedingt die Salsa tanzenden und Rum trinkenden Kubanerinnen und Kubaner vor der *Casa de la Trova*, die die kubanische Lebensfreude in Städten wie Santiago verkörpern, sondern vielmehr diese kleinen Dominotischchen, wo das bescheidene und doch lebhafte Miteinander in trauter Nachbarschaft stattfindet, an dem auch ich als Ausländer teilhaben darf in der Gewissheit, keiner Inszenierung beizuwohnen und anschließend um ein Trinkgeld gebeten zu werden. Leider gebe ich als stocksteifer Europäer beim Domino aber eine ebenso lächerliche Figur ab wie beim Salsa Tanzen!

LUFTVERSCHMUTZUNG UND KAPITAL: KUBAS ALTE AUTOS

ie alten Autos auf Kuba sehen schön aus und lassen das Touristenherz höher schlagen, stoßen aber auch schwarze Rußwolken aus, die einem schier den Atem verschlagen. Besonders stark fällt mir das immer wieder in Santiago auf. Die Stadt liegt, wie bereits erwähnt, an einem Hang, so-

Oben | Sie sehen schön aus, diese alten Autos, keine Frage. Aber sie stoßen auch schwarze Rußwolken aus, die einem teilweise buchstäblich den Atem verschlagen. Besonders beim Anfahren am Berg fällt das auf.

Rechts unten | Die MZ ETZ 250 aus der ehemaligen DDR ist ein sehr verbreitetes und sehr beliebtes Motorrad auf Kuba. Auch als Motorradtaxi mit Chauffeur ist die Maschine viel unterwegs. Für ausländische Selbstfahrer ist es eher schwierig, eine MZ zu mieten. Hier hat es jedoch geklappt.

dass alle Fahrzeuge die Hälfte der Zeit ordentlich Gas geben müssen, um voranzukommen. Steht man an einer Kreuzung mit Ampel und diese schaltet um auf Grün, spielen sich ganz spezielle Szenarien ab. Die Lärmkulisse durch die russischen LKWs und Kleinlaster, die hier oft zum Personentransport genutzt werden, ist enorm. Brüllend und röhrend wie Godzilla setzen sich alle gleichzeitig in Bewegung. Das Schaltgeräusch der alten Zwischengas-Getriebe ist trotzdem deutlich zu hören. Es beginnt mit einem Schnarren und endet mit einem lauten »Klonk«, das das Einrasten des Ganges signalisiert. In dem Moment, in dem die Fahrer auf die Gaspedale treten, pumpen die Auspuffrohre schwarze Schäfchenwolken auf die Kreuzung und die Sicht wird im Nu auf wenige Meter begrenzt. Der Geruch der Abgase ist auf Kuba auch ein anderer als bei uns. Wahrscheinlich macht man hier wirklich keinen Unterschied zwischen Heizöl und Diesel. Der Schall wird von allen Hauswänden zurückgeworfen und auch der Qualm bleibt noch einige Zeit in der drückenden Hitze stehen. Wasche ich am Abend mein T-Shirt, dann verfärbt sich das Waschwasser ähnlich schnell in eine grau-braune Brühe wie tagsüber die Luft beim Gasgeben der LKWs. Seit Kurzem können die Kubaner – zumindest theoretisch – nicht nur

KAPITEL 12 | Salsa Santiagera: Die Magie des Ostens

neue Autos kaufen, sondern auch ihre alten an andere Kubaner weiterverkaufen. Das heißt, die Autos haben jetzt einen realen Handelswert. Egal wie alt, egal welcher Herkunft, egal welcher Zustand: Jeder motorisierte Untersatz bedeutet nun ein kleines Vermögen, die alten russischen Ladas und Moskwitschs ebenso wie der kleine Polski-Fiat und natürlich all die alten Fords, Cadillacs, Chevrolets, Buicks … So wird jede Rostlaube immer wieder zusammengeflickt und beim Verkauf hoch gehandelt.

DIE GUTE ALTE MZ: DAS MOTORRAD AUS DER DDR ALS TAXI

Das Straßenbild Santiagos ist geprägt von vielen Motorrädern, die hier hauptsächlich als Motorradtaxis dienen. Neben Pferdefuhrwerken decken sie einen großen Teil des Personennahverkehrs ab. Eines der beliebtesten Motorräder auf Kuba ist nach wie vor die gute alte MZ. Viele Kubaner, die einst in der DDR studiert oder gearbeitet haben, haben zum Abschluss ihres Aufenthaltes dort noch eines der wunderbaren DDR-Motorräder erstanden und nach Kuba verschiffen lassen. Wer heute noch so eine MZ besitzt, ist stolz darauf und pflegt sie wie ein Familienmitglied.

Ich selbst hatte mir fest vorgenommen, eines Tages einmal mit einer MZ ein Stück durch Kuba zu tuckern. Von einem Bekannten erfuhr ich, dass einer seiner Nachbarn mehrere MZs besaß und diese auch vermietete. Diese Gelegenheit wollte ich mir nicht entgehen lassen und suchte den Herrn auf. Die erste 250er, die mir angeboten wurde, war zwar mächtig »aufgemotzt«, mit chromglänzenden Schutzblechen und Auspuffrohren und neuer, metallic-roter Lackierung, aber der Hebel der Vorderbremse fehlte. Als ich anmerkte, dass ich lieber ein Modell mit Vorderbremse hätte, meinte der Besitzer, ein mit Goldkettchen behängter Typ: »Nein, nein, das ist viel zu gefährlich!

Die schraube ich immer gleich ab. Wenn du hier auf den sandigen und staubigen Straßen mit der Vorderbremse bremst, rutscht dir das Vorderrad weg!« Ich erklärte ihm, dass ich es gewohnt sei, mit beiden Bremsen zu bremsen, und versprach, sehr vorsichtig zu fahren. Daraufhin gab er mir etwas missmutig ein anderes Motorrad und meinte, das sei eigentlich sein eigenes (er fuhr also auch lieber mit beiden Bremsen …).

Um mir zu demonstrieren, wie ein solches Motorrad zu fahren sei, sollte ich mich zunächst hintendrauf setzen. Wir fuhren eine Runde durch die Stadt. Eine Weile tuckerte er sehr langsam hinter einer jungen Fahrradfahrerin her. Ich dachte, er warte auf eine Gelegenheit zum Überholen oder Abbiegen. Doch wie sich herausstellte, genoss er nur ausgiebig den Anblick der Dame in ihrem figurbetonten Outfit. Nachdem er mir so gezeigt hatte, wie man(n) kubanisch Motorrad fährt, überließ er mir sein Baby. Ich genoss die Freiheit, für ein paar Stunden übers Land zu fahren. Auf Kuba herrscht zwar Helmpflicht, die Helme scheinen aber eher symbolischen Wert zu haben. Es handelt sich um eine Art Reiterhelme, die so gut sitzen wie eine Salatschüssel. Als ich das Motorrad am Abend zurückbrachte, waren im Schlafzimmer des Besitzers gerade einige Männer um eine andere MZ versammelt und diskutierten, während seine Frau gelangweilt und völlig unbeteiligt auf dem Bett lag und mit einer Playstation spielte. Als ich als Deutscher nun mit der MZ ankam, begann eine regelrechte Fragestunde: »Was hast du denn zu Hause für ein Motorrad?« »Gar keins!« »Warum nicht? Sind die bei euch auch so teuer?« »Kommt darauf an!« »Was kostet so eine MZ bei euch?« »Vielleicht 500 CUC.« »500 CUC? Und warum hast du dann nicht gleich zwei? 500 CUC! Weißt du, was so ein Teil hier kostet? Mindestens 5.000 CUC, und das bei unseren Löhnen!« Kleinlaut gab ich zu, dass ich noch nie darüber nachgedacht hatte, mir eine zu kaufen. Voller Stolz erzählten mir die Männer, was sie an diesen Motorrädern alles »kubanisierten«: Die Scheibenbremsen wurden von anderen Motorrädern nachgerüstet, Stoßdämpfer gegen modernere getauscht und Schutzbleche sowie Auspuff wurden von Fachmännern auf Kuba hergestellt und in kleinen Hinterhof-Galvaniken verchromt. Der kubanische Auspuff für die MZ habe sogar einen noch schöneren Sound als das Original. Das typische metallische »Ping-Ping-Ping« der MZ komme damit viel besser zur Geltung. Seit diesem Tag bin ich ein großer Fan der MZ und ihrer kubanischen Mechaniker. Tatsächlich bin ich inzwischen sogar stolzer Besitzer einer alten MZ, für die ich genau 500 € bezahlt habe.

Links | Viele Kubaner, die einst in der DDR studierten oder arbeiteten, kauften sich zum Schluss ihres Aufenthalts eine MZ, um sie nach Kuba zu verfrachten. Wer eine besitzt, ist stolz darauf und lässt sie nicht gerne allein. Sie darf auch mit in den Salon oder das Büro.

KAPITEL 13
ALT-HERREN-COMBO: MUSIK FÜRS VOLK

KAPITEL 13 | Alt-Herren-Combo: Musik fürs Volk

BARACOA: DIE ÄLTESTE SPANISCHE STADT

Von Santiago de Cuba, vorbei an Guantanamo, ist es heute nicht mehr allzu weit bis nach Baracoa. Das war nicht immer so. Erst durch die Eröffnung der Passstraße *la farola* im Jahr 1965 wurde Baracoa schnell erreichbar. Baracoa gilt als die älteste spanische Stadt Kubas. 1492 setzte Christoph Kolumbus hier seinen Fuß zum ersten Mal auf kubanischen Boden. In der Kirche von Baracoa (Catedral Nuestra Señora de la Asunción) ist heute noch ein Holzkreuz zu sehen, das Kolumbus seinerzeit auf die Insel mitgebracht haben soll. Leider hat man inzwischen festgestellt, dass das Holz, aus dem das Kreuz gebaut wurde, aus Kuba stammt. Rund um Baracoa werden Kaffee, Kakao und Kokospalmen angebaut. Spätestens auf der Passhöhe von Baracoa wird den Reisenden erstmals *cucuruchu* angeboten, eine in Palmblätter gewickelte Masse aus Kokosraspeln, Zucker und Orangeat. Auch die über dem Feuer gerösteten Kaffeebohnen und die kleinen, süßen Bananen sind sehr empfehlenswert! Zu den touristischen Highlights gehört der Nationalpark »Alexander von Humboldt« einige Kilometer außerhalb Baracoas. Außerdem münden ein paar schöne, kristallklare Flüsse in der Nähe der Stadt ins Meer.

Links | Auf einem meiner Streifzüge durch Baracoa folgte ich den Klängen einer Bandprobe und landete bei *Los Huracanes*, den »Wirbelstürmen«. Diese Rockband älterer Herren hat sich dem spanischen Rock der 1960er- und 1970er-Jahre verschrieben.

Unten | Baracoa ist die älteste spanische Stadt Kubas. 1492 setzte hier Christoph Kolumbus zum ersten Mal den Fuß auf kubanischen Boden. In der Kathedrale Nuestra Señora de la Asunción ist ein Holzkreuz zu sehen, das Kolumbus damals auf die Insel mitgebracht haben soll. Inzwischen wurde das Holz allerdings als kubanisch identifiziert.

ARNALDO UND SEINE FAMILIE

Bei meinem ersten Besuch in Baracoa im Jahr 2005 ging mir zum Ende der Reise allmählich das Geld aus. Kuba ist nämlich beim besten Willen kein Billigreiseland. Zum Glück hatte ich von Carmelo, »el ciclista solitario de Cuba«, »dem einsamen Radler Kubas«, die Adresse seines Zöglings Arnaldo bekommen. Carmelo war mit fast 80 Jahren durch ganz Kuba geradelt, wofür er damals sogar von Fidel Castro persönlich geehrt wurde. Bis zu seinem Tod 2015 im Alter von 92 Jahren war er eine Art Ziehvater für viele junge kubanische Radfahrer gewesen. So auch für Arnaldo.

Links | Das Schönste an Baracoa ist wohl die Natur der Umgebung. Hier leben einige endemische Tier- und Pflanzenarten. Auch außerhalb des Nationalparks Alexander von Humboldt ist die dschungelartige Landschaft herrlich.

KAPITEL 13 | Alt-Herren-Combo: Musik fürs Volk

Als Arnaldo hörte, dass Carmelo mich geschickt hatte, wurde ich wie selbstverständlich in seine Familie aufgenommen. Wenn ich heute nach Kuba reise und mich nicht bei Arnaldo und seiner Familie blicken lasse, nimmt man mir das sehr übel! Daher habe ich inzwischen viele Wochen bei Arnaldo verbracht. Er lebt zusammen mit seiner Frau Marbelis, den beiden Töchtern sowie mit der Familie seines Bruders Abel in einem kleinen Haus. Übernachtet habe ich allerdings immer außer Haus, da es Kubanern, die keine Lizenz zum Vermieten haben, nicht erlaubt ist, Logiergäste aufzunehmen. Im Hinterhof des Hauses verbrachten wir viele interessante und amüsante Stunden.

Als ich die Familie 2010 wieder besuchte, wurde ich schon erwartet. Ganz aufgeregt erzählte mir Tochter Anna-Cellan, dass sie jetzt auch einen funktionierenden Gefrierschrank hätten und es heute zur Feier des Tages Eis geben werde. Irgendwann kam dann der feierliche Moment: Arnaldo stellte mir das neue Familienmitglied, den Gefrierschrank, vor, pries die neue Vorratshaltung, die das Gerät ermöglichte, und holte das Schokoladeneis heraus. Als er gerade dabei war, die Tür wieder zu schließen, hielt er inne und meinte: »Ach, Bruno, kannst du dich noch an unseren Papagei erinnern? Der ist vor einer Weile gestorben.« Er griff noch einmal in den Gefrierschrank, dorthin, wo auch das Eis gelegen hatte. »Schau, der sieht doch aus wie damals!«, sagte er und hielt mir den tiefgefrorenen Papagei unter die Nase. »Praktisch, so ein Gefrierschrank!«, stellte er fest und klopfte den Kopf des steifen Vogels noch kurz auf die Tischplatte, bevor er ihn wieder im Eisfach verstaute. Danach ließen wir uns das Eis schmecken.

Mit Arnaldo teile ich die Leidenschaft, Dinge immer wieder zu reparieren, wobei er mir an Improvisationstalent weit überlegen ist. Eines Tages benötigten wir eine Bohrmaschine und besuchten dafür seinen Freund Oriol. Dieser besaß nicht nur eine selbst gebaute Standbohrmaschine, sondern zeigte mir auch voller Stolz sein altes russisches Moped. Ursprünglich hatte dieses nur zwei Gänge gehabt, bis Oriol es mit einer Kettenschaltung ausgestattet hatte. Mit dem Handwinkelschleifer hatte er aus alten Bremsscheiben die Kettenblätter angefertigt, betätigen ließ sich die Schaltung bequem mittels eines kleinen Hebels unter dem Tank. Überhaupt sei das komplette Moped frisiert, verkündete er. Er könne damit problemlos mit seiner ganzen Familie, insgesamt fünf Leuten, die steile *farola* hochfahren und dabei manchmal sogar eine 250er Jawas überholen.

Links | Über die Jahre war ich inzwischen viele Wochen Gast der Familie Lobaina-Arias aus Baracoa. Im Herbst 2016 zerstörte der Hurrikan Mathew ihr eben erst errichtetes Häuschen. So leben sie derzeit alle zusammen in diesem Zimmer.

Unten | Bei Arnaldo, hier am Steuer seines selbst gebauten Jeeps, seinem Bruder Abel (auf dem Beifahrersitz) und ihrer Familie muss ich mich immer blicken lassen, wenn ich auf Kuba bin. Sie zählen mich zum erweiterten Familienkreis.

Rechts | Emilio, der fast zahnlose Sänger der *Huracanes*, hat einen netten, lispelnden Gesang. Ein Besenstiel dient ihm als Mikrofonständer. Die meisten Instrumente und Verstärker der Band sind selbst gebaut.

LOS HURACANES: 60ER-JAHRE-ROCK AUS BARACOA

Sehr improvisationsreich ging es auch bei der Band *Los Huracanes* zu, die ich in Baracoa kennenlernte. Selbst gebaute Verstärker und Gitarren sowie ein Besenstil als Mikrofonständer gehörten zum Equipment. Diese Band, bestehend aus einer Reihe älterer Herren und einer Frau, hatte sich dem spanischsprachigen Rock aus den 1960er-Jahren verschrieben. Proberaum war das Wohnzimmer von Nano, der eigentlich Alejandro hieß. Der lispelnde Gesang des fast zahnlosen Sängers Benicio verlieh ihrer Musik einen ganz besonderen Charme. 2015 schrieb mir Nano in einer E-Mail, dass ihr Keyboard den Geist aufgegeben habe, und fragte, ob ich ein gebrauchtes aus Deutschland mitbringen könne. Das gewünschte Keyboard aus den 1980ern kostete mich zwar nur 40 Euro, der kubanische Zoll jedoch behauptete, das Teil sei 250 CUC wert, und verlangte einen Einfuhrzoll von 100 Prozent. Ich konnte die Beamten davon überzeugen, dass ich das Keyboard zur persönlichen Nutzung nach Kuba gebracht hätte und auch wieder mit ihm ausreisen würde. Das Keyboard würde dann unterwegs eben einfach verloren gehen.

Ich kann nicht recht nachvollziehen, warum man es dem eigenen Volk bei all den Problemen durch das Embargo auch noch zusätzlich erschwert, an Dinge aus dem Ausland zu kommen. Aber das ist wohl einerseits durch den florierenden Schwarzhandel mit ausländischen Produkten zu erklären, andererseits auch mit den Gepflogenheiten vieler Zollbeamter weltweit, gerne einmal zur eigenen Bereicherung die Hand aufzuhalten. So rieten mir kubanische Freunde, den Beamten in so einem Fall zunächst einmal immer 50 CUC ohne Quittung anzubieten. Meist sei die Sache mit dem Zoll dann vom Tisch.

»HACIENDO COLA«: SCHLANGESTEHEN

Dass der kubanische Alltag immer auch vom Embargo geprägt ist, sehe und höre ich ständig. Schlangestehen ist für die Kubaner so alltäglich wie für uns das Einkaufen im Supermarkt, ebenso wie die Erfahrung, nach stundenlangem Warten unverrichteter Dinge wieder nach Hause zu

gehen, um es am nächsten Tag noch einmal zu versuchen. Lange Schlangen bilden sich regelmäßig vor der *Coppelia*, der beliebtesten staatlichen Eisdiele, der *Etecsa*, der kubanischen Telefongesellschaft, oder auch an den Schaltern der nationalen Busgesellschaft. »Haciendo cola« wird das genannt.

Wenn man zu den Touristen gehört oder mit CUC bezahlt, muss man selten warten. Oft gibt es zwei Schalter: einen für die nationale Währung mit einer langen Schlange und einen für CUC ohne. Wichtig ist, beim Betreten des Warteraums nach dem jeweils Letzten in der Reihe zu fragen. Der oder die Letzte in der Schlange meldet sich, und anschließend ist man selbst so lange der Letzte, bis wiederum jemand hinzukommt und nach »El ultimo?« fragt.

Für ein Inlandsflugticket wartete ich einmal rund zwei Stunden in einer Schlange – natürlich nicht, ohne vorher ordnungsgemäß das Ende der Schlange abgefragt zu haben. Gegen zwölf Uhr mittags hieß es plötzlich: »No hay coneccion!« – »Es gibt keine Internetverbindung«. Ich fragte die Kubaner um mich herum, was das nun bedeute. Diese erklärten mir: »Du kannst nach Hause gehen, es gibt keine Internetverbindung. Komm um 14:00 Uhr wieder, dann haben die alle zu Mittag gegessen und es gibt bestimmt wieder eine Internetverbindung.« Ohne die kubanische Gelassenheit wäre das alles kaum vorstellbar.

KAPITEL 13 | Alt-Herren-Combo: Musik fürs Volk

DIE USA, DAS EMBARGO UND DIE *PERÍODO ESPECIAL*

Frage ich kubanische Freunde, wie es ihnen geht, antworten sie heute noch oft: »Sobrevivimos!« – »Wir überleben!« Die Zeiten, in denen das Überleben auf Kuba einem ständigen Kampf gleichkam, liegen aber wohl in der Vergangenheit. Immer wieder wurde mir berichtet, die härteste Zeit im Land sei die *período especial* gewesen, die Phase nach dem Zusammenbruch der Sowjetunion. Von einem Tag auf den anderen blieben sämtliche Lieferungen aus dem Ausland aus. Irgendwann kam es so auch zunächst zu einer Lebensmittelknappheit, dann zu einer regelrechten Hungersnot. Die Kubaner versuchten, sich zu behelfen, indem sie zum Beispiel eine besondere Art von Baumwollputzlumpen zerfaserten, daraus einen Brei anfertigten und diesen dann zu Frikadellen für *hamburguesas* frittierten. Auch Orangen- und Bananenschalen wurden frittiert. Als der Käse für die Peso-Pizzas fehlte, wurden der Legende nach sogar Kondome klein geschnitten und auf die Pizzas gestreut, weil diese fast ebenso schöne Fäden gezogen hätten. Zuletzt sei man irgendwann auf der Straße nicht mehr einer einzigen Katze begegnet …

Wie man merkt, schwingt eine gesunde Portion Galgenhumor mit, wenn die Kubaner heute von dieser Phase erzählen. Die Geschichten scheinen sich förmlich zu überschlagen. Noch heute fragt man einen jungen Mann, der mit einem Mädchen ausgehen will: »Na, lädst du sie auf eine Katze ein?« In Wirklichkeit war diese Zeit natürlich alles andere als lustig. Aber sie hat die Kubaner auch stolz gemacht und zusammengeschweißt: »Wenn wir das damals überstanden haben, was soll uns noch passieren? Schlimmer kann es ja kaum werden!«

Links | Die Warteschlangen vor dem *Coppelia,* dem beliebtesten Eiscafé Havannas, sind legendär. Aber auch andernorts stehen die Kubaner mitunter stundenlang Schlange – oft auch vergeblich: Bis man an der Reihe ist, ist das Begehrte bereits vergriffen.

Unten | Sehr martialisch kommt diese kubanische Faust daher, die die USA samt ihrem Embargo an die Wand schmettert. Tatsächlich scheint das Embargo die Kubaner eher geeint als mürbe gemacht zu haben.

KAPITEL 14

¿POR DONDE VAS? WOHIN GEHST DU, KUBA? EIN AUSBLICK

KAPITEL 14 | Por donde vas? Wohin gehst du, Kuba?

Die Welt wagt wieder, in Kuba zu investieren. Das beweisen der neue Frachthafen samt Freihandelszone, die mit brasilianischer Unterstützung in der Nähe Havannas gebaut werden, eine Computerfabrik mit chinesischer Unterstützung oder eine Süßwarenfabrik, finanziert und betrieben vom Schweizer Unternehmen Nestlé.

Bei meinen Vorträgen werde ich häufig gefragt, was meiner Meinung nach in Zukunft aus Kuba werden wird. Anscheinend hält man mich für einen Kubakenner. Ich selbst würde das nicht von mir behaupten. Ich bemühe mich nach Kräften darum, dieses wunderbare Land zu verstehen, vollständig gelungen ist mir das in den insgesamt rund sieben Monaten, die ich mittlerweile dort verbracht habe, noch nicht. Was ich in diesem Buch zu vermitteln suche, ist nur meine Sicht auf Kuba. Sie ist ganz und gar subjektiv, ebenso wie die Auswahl dessen, was ich in diesem Buch zeige. Dennoch ist es natürlich mein Wunsch, dem Leser und Betrachter mit meinen Bildern und Texten einen möglichst unverfälschten Eindruck dessen zu vermitteln, was ich auf Kuba gesehen, erlebt und empfunden habe. Das ist meine Intention als Fotograf und Autor. Was die großen politischen Fragen angeht, kann auch ich nur spekulieren.

JETZT NOCH SCHNELL NACH KUBA?

In Deutschland gewinnt man zurzeit häufig den Eindruck, alle wollten noch schnell einmal nach Kuba reisen, um das Land zu erleben, bevor die USA es überrollen und assimilieren. Ich höre und lese oft, es sei nur noch eine Frage der Zeit, bis Starbucks und McDonalds ihre ersten Filialen auf Kuba eröffneten. Das mag durchaus sein. Folgenschwerer wird in meinen Augen allerdings der Zeitpunkt sein, an dem das erste »westliche« Kreditinstitut Kubanern Privatkredite gewährt. Dann nämlich wird meiner Meinung nach erst der echte und unbarmherzige Kapitalismus in die Leben der Menschen einziehen. Woher sollten die Kubaner wissen, mit welchen Pferdefüßen verlockende Kreditangebote einhergehen? Wer ein schönes Gästehaus besitzt, wird sicher problemlos einen Bankkredit für das innig gewünschte schicke Auto bekommen. Dass die Banken das geliehene Geld plus Zinsen wieder zurückfordern und im Ernstfall auch gern das Haus dafür nehmen, ist für Kubaner gefährliches Neuland, das

Links | Kubaner und Nicht-Kubaner reichen sich als Freunde die Hand – eine schöne Zukunftsvision für Kuba! Das Land ist auf Hilfe und Unterstützung von außen angewiesen. Bleibt zu hoffen, dass es Freunde sind und keine Ausbeuter, die ihm künftig die Hand reichen werden.

KAPITEL 14 | Por donde vas? Wohin gehst du, Kuba?

mit viel Vorsicht betreten werden sollte. Kuba durchläuft nicht erst seit den letzten Jahren einen grundlegenden Wandel. Spätestens seit dem Zusammenbruch des Ostblocks musste sich das Land neu ausrichten. Kuba zu bereisen, macht also jetzt wie zu jeder Zeit Sinn. Denn wie jedes andere Land wird sich auch Kuba weiter verändern. Wer jedoch das Kuba von heute sieht, der kann es morgen mit dem von gestern vergleichen.

Was ist neu? Nicht zuletzt durch das Internet hebt sich auch der Eiserne Vorhang immer weiter. Mit Barack Obama war 2016 nach 88 Jahren zum ersten Mal wieder ein US-Präsident zu Besuch auf Kuba, nach 54-jähriger Pause gibt es wieder eine US-Botschaft in Havanna und auch Direktflüge von den USA nach Kuba sind seit 2016 wieder buchbar. Wie die Beziehungen zwischen beiden Staaten sich unter Präsident Trump entwickeln werden, lässt sich nur schwer vorhersagen. Das gute Geschäft, das sich mit Kuba machen lässt, dürfte ihn aber wohl reizen. In unmittelbarer Nachbarschaft leben Millionen konsumhungriger Menschen, vor denen man sich noch nicht einmal durch eine Mauer zu schützen braucht, denn Kuba ist eine Insel.

2005 erzählte mir ein junger Kubaner noch: »Wenn ihr Touristen vom Malecón aufs Meer hinausblickt, dann empfindet ihr ein Gefühl der Freiheit. Unsere Freiheit wird durch das Meer begrenzt wie die der Menschen in der DDR durch die Berliner Mauer. Hier endet unsere Welt, das Meer ist ebenso tödlich, wie die Mauer dort es war.« 2013 wurde das Reisen für Kubaner jedoch erleichtert. So stellt das Meer heute keine unüberwindliche Mauer mehr dar, und wer das Land verlassen möchte, muss nicht mehr zwangsläufig fliehen. Ein älterer Kubaner hingegen stellte mir gegenüber einmal fest: »Wenn alle aus Kuba auswandern würden, die unzufrieden sind, wäre das vielleicht gar nicht das Schlechteste. Denn dann blieben nur die auf Kuba zurück, die ihr Land wirklich lieben und mithelfen, es wieder aufzubauen!«

Als sehr interessant empfinde ich den Umstand, dass nicht einmal die Gegner der Castros die US-Amerikaner wieder im Land haben möchten. Als Besucher und Freunde sind sie willkommen, nicht aber als neue Machthaber und Bestimmer der Zukunft. Meinem Eindruck nach teilen die meisten Kubaner diese Ansicht. Sie möchten das Land aus eigener Kraft wieder aufbauen, ohne zu große Einmischung von außen. Dass das ganz ohne Hilfe nicht möglich ist, ist auch ihnen klar, diese sollte aber von Freunden kommen und keine an unzählige Bedingungen geknüpfte Art von Entwicklungshilfe sein. Ich würde mich freuen zu sehen, dass man die Kubaner, ein starkes, stolzes und ungemein solidarisches Volk, ihren Weg gehen lässt und sie wie gute Freunde dabei unterstützt.

Kuba ist kein einfaches Reiseland, es heißt, man liebe oder man hasse es – ohne viel Raum dazwischen. Und in der Tat verleitet Kuba zum Schwarz-Weiß-Denken. Doch wer sich einlässt auf das allgegenwärtige Chaos und all die Schwierigkeiten und Widersprüche, wird reich belohnt. »Siempre un pocito mas«, »jedes Mal ein bisschen mehr«: In diesem Geiste wünsche ich Kuba die richtigen Freunde zur richtigen Zeit und eine glückliche Hand bei der Wahl seines Weges in die Zukunft. Vielleicht kann ich mit diesem Buch ja dazu beitragen, den einen oder anderen neuen Freund, die eine oder andere neue Freundin für dieses Land und seine wunderbaren Menschen zu gewinnen.

Unten | Möge der Blick auf das Meer für die kubanische Jugend ein hoffnungsvoller sein, die Aussicht auf eine Zukunft im eigenen Land und nicht auf ein fremdes Sehnsuchtsland hinter dem Horizont. Geht euren eigenen Weg: a lo cubano!

DANK

Für meine erste Kuba-Fotoreportage im Jahr 2005 musste ich mir noch Geld leihen und war auch sonst auf vielerlei Hilfe angewiesen und noch sehr unerfahren. Es war alles andere als klar, ob meine Idee von Erfolg gekrönt sein würde. Allen Menschen, die mich über all die Jahre hinweg unterstützt und an mich geglaubt haben, möchte ich hiermit ein großes und herzliches Dankeschön aussprechen!

Ganz besonders gilt mein Dank meiner Freundin Manuela für ihr Vertrauen, ihre Unterstützung und ihre Geduld mit mir. Dank an meine Schwester Kathrin Weber, die immer wieder, so auch bei diesem Buch, bereitwillig die Texte ihres kleinen Bruders korrigiert. Ebenso danke ich Heiner Tettenborn, der schneller lesen kann als ich denken. Daniel Snaider möchte ich für eine schöne, kollegiale Kubareise 2017 und seine kompetente Beratung zum Titelbild danken. Ich bedanke mich beim Knesebeck-Team für die sehr angenehme Zusammenarbeit.

Aber vor allem danke allen Kubanerinnen und Kubanern für ihre Offenheit mir gegenüber! Ich hoffe, ich konnte einigen von ihnen einen Wunsch erfüllen und ihnen etwas Gehör außerhalb Kubas verschaffen.

Muchísimas gracias de todo corazón!

Deutsche Originalausgabe
Copyright © 2017 von dem Knesebeck GmbH & Co. Verlag KG, München
Ein Unternehmen der La Martinière Groupe

Alle Fotografien außer den folgenden wurden von Bruno Maul aufgenommen:
Umschlagrückseite und Seite 80 Daniel Snaider

Gestaltung und Satz: Leonore Höfer, Knesebeck Verlag
Lektorat: Gundula Müller-Wallraf, München
Herstellung: Christine Schnappinger,
VerlagsService Dietmar Schmitz GmbH, Heimstetten
Lithografie: Reproline-Mediateam, Unterföhring
Druck: Printer Trento Srl, Italy
Printed in EU

ISBN 978-3-95728-100-5
Alle Rechte vorbehalten, auch auszugsweise.
www.knesebeck-verlag.de